Frontera, migración, teatro.
Una consideración del teatro fronterizo
de México

Hugo Salcedo Larios
Coordinador

Frontera, migración, teatro.
Una consideración del teatro fronterizo de México

José Ramón Alcántara Mejía
Cesare Gaffurri Oldano
Carlos Gámez
Greta Gómez Camacho
Rogelio Guerrero H.
Manuel Guevara Villanueva
Salvador Alexander Juárez Hernández
Itzel Vargas Moreno

Argus-*a*
Artes & Humanidades
Arts & Humanities

Buenos Aires, Argentina - Los Ángeles, USA
2021

Frontera, migración, teatro. Una consideración del teatro fronterizo de México

ISBN 978-1-944508-33-3

Ilustración de tapa: Gentileza del fotógrafo Inti Vargas (*Una bestia en mi jardín* de Valentina Sierra).
Diseño de tapa: Argus-*a*.

© 2021 Hugo Salcedo Larios
      Universidad Iberoamericana Ciudad de México

Cuidado de la edición: Hugo Salcedo Larios y Cesare Gaffurri

All rights reserved. This book or any portion thereof may not be reproduced or used in any manner whatsoever without the express written permission of the publisher except for the use of brief quotations in a book review or scholarly journal.

Editorial Argus-*a*
16944 Colchester Way,
Hacienda Heights, California 91745
U.S.A.

Calle 77 No. 1976 – Dto. C
1650 San Martín – Buenos Aires
ARGENTINA
argus.a.org@gmail.com

Índice

La frontera, la migración, el teatro
Hugo Salcedo Larios 1

Los desarraigados de Humberto Robles
o la circularidad del conflicto migratorio
José Ramón Alcántara Mejía 7

Pensar las *formas* del padre. Aproximaciones desde la dramaturgia mexicana de la migración
Cesare Gaffurri Oldano 25

Fronteras objetuales / migraciones personales.
Una *cubeta de cangrejos*, una cultura animalizada,
una liminalidad teatral
Carlos Gámez 45

Narrativas fronterizas. Un breve recorrido
desde algunas obras de teatro mexicano
hasta el performance de Guillermo Gómez-Peña
y Cynthia Franco
Greta Gómez Camacho 71

Invierno: estado afectivo para una representación
crítica de la frontera
Rogelio Guerrero H. 91

Matices de la desintegración familiar en las familias
migrantes, representadas en el teatro mexicano
Manuel Guevara Villanueva 105

Representaciones de personajes fronterizos
no heteronormados en *La ley del Ranchero*
de Hugo Salcedo
Salvador Alexander Juárez Hernández 123

Variaciones de la idea de "la frontera"
en algunos textos del teatro mexicano
Hugo Salcedo Larios 141

La *mise-en-scène* en dos obras de teatro infantil:
Martina y los hombres pájaro de Mónica Hoth
y *Una bestia en mi jardín* de Valentina Sierra
Itzel Vargas Moreno..169

Los cangrejos tras el sueño americano:
Entrevista a Juan Carlos Embriz,
sobre *La cubeta de los cangrejos*
Carlos Gámez..193

Frontera, migración, teatro

Una bestia en mi jardín. Foto: Inti Vargas

El material fotográfico incluido en el libro fue realizado a propósito de este estudio, y se tienen sus derechos. Las fotos fueron tomadas por:

Cesare Gaffurri Oldano
Manuel Guevara Villanueva
La Teatra
Inti Vargas
Itzel Vargas Moreno

La frontera, la migración, el teatro

Hugo Salcedo Larios

Cuando la vida está en otra parte
Mauricio Farah Gebara

La cuestión migratoria se anuncia en numerosos artefactos culturales que pautan la relación histórica, continua y compleja entre México y los Estados Unidos. De manera específica las obras de teatro de autoría mexicana escritas bajo esta mirada sirven como referencia también para visibilizar el asunto de la inmigración que se ampara en las disposiciones de los gobiernos, aun cuando éstas se decretan y practican en contra de los derechos de las personas. El sofisticado aparato de control migratorio y vigilancia de los Estados Unidos no nada más ha impedido, o al menos dificultado el tránsito a través de sus fronteras internacionales, sino también ha perseguido y criminalizado a personas sin documentos reglamentados, aumentando el racismo y la xenofobia, y separando a los miembros de las mismas familias, o realizando redadas y hasta expulsiones sistemáticas. Estas lamentables iniciativas colocan en un ámbito de indefensión y alta vulnerabilidad no a las personas de mayor edad específicamente, sino ahora también a los menores, como se constata en la noticia cotidiana. En años muy recientes han surgido grupos migrantes más o menos organizados, denominados como "las caravanas" que se dirigen a la zona septentrional del continente, viajando desde América Central prioritariamente, cruzando selvas, localidades urbanas y rurales, ríos, montañas o desiertos y que vienen huyendo de las violencias que afectan sus entornos, de desastres naturales o de condiciones inhumanas de supervivencia. Estos movimientos son constancia del desequilibrio económico, político y social de esos países, pero que a su vez son el reflejo expandido de la injusticia y precariedad en el ámbito global.

A estos imperativos de desplazamiento transnacional se añade ahora la pandemia causada por el virus SARS-CoV-2 que expone lo que de antaño se sabía: que el modelo económico global está agotado y que ha ido ensanchando las diferencias de toda índole, aumentando crisis y desigualdades que golpean a los países y comunidades todavía más pobres. Hacia el interior de naciones como México se advierte también la puesta en práctica de políticas de salud e higiene insuficientes, acciones contradictorias y desorganización por parte de quienes gobiernan. Los confinamientos necesarios con el afán de controlar la enfermedad, golpean a los grupos de mayor necesidad económica pues tienen que conseguir el sustento diario para sus personas y familias, y la propia atención en hospitales o laboratorios expone a su vez a quienes están colocados al frente del auténtico campo de batalla, como en el caso de trabajadoras y trabajadores pertenecientes al sector de la salud.

La epidemia global constata que las fracciones más desfavorecidas económica y socialmente son las más vulnerables ante la enfermedad; que la clase trabajadora está obligada a proveer el alimento día a día, arriesgando la propia vida de quienes son el sostén económico de sus familiares; que el ramo sanitario se encuentra rebasado por la urgencia; que la comunidad artística y cultural es parte de otro de los grupos descobijados por el Estado para quien tampoco es su prioridad, y que -entre otras cuestiones- el encierro ha evidenciado en algunos hogares cierto rostro de la violencia intrafamiliar.

A partir de estos vectores para nada halagüeños, la migración forzada o al menos obligada que se manifiesta en diferentes partes del orbe, requiere en verdad de la apropiada y urgente atención internacional, así como del diseño de iniciativas apremiantes y creativas que impulsen políticas y acciones eficaces, solidarias con los pobres e incluyentes, a fin de desacelerar la brecha que divide las economías mundiales con los agravantes derivados de la pobreza.

La autoría dramática del mundo ha comprendido estas necesidades y puesto en ejercicio diversas prácticas escénicas acordes a sus tiempos de producción, sirviendo como interlocutora de la nuda realidad. En múltiples puntos del orbe, el teatro ya en su vena de dramaturgia o de teatralidad, ha sido testigo elocuente de las incompetencias de políticas públicas, y ha puesto ante el ojo crítico las prácticas aberrantes de la extensión del capital y sus dominios. En el caso de la dramaturgia mexicana, Juan Bustillo Oro publicó en Madrid una trilogía en donde se considera *Los que vuelven* (1933) una pieza que advierte el fracaso de la intención de los protagonistas que han llegado al territorio extranjero de Estados Unidos; y luego de un difícil intento se ven obligados a regresar. Pero aún antes de que puedan hacerlo bajo la marca de la derrota, son prácticamente destruidos sin conseguir un lugar en el que sus restos mortales puedan ser inhumados satisfactoriamente, como le sucede al progenitor en el drama. Estamos ante una de las caras de la crueldad que, con diferentes matices y procedimientos, se repetirá en muchos de los textos dramáticos de México referidos al tema de la frontera y la inmigración. Ya luego el teatro de revista y el cine mexicano comenzarían a referir la llegada de una influencia cultural distinta, estadunidense, centrada en la figura de "el pachuco" y sus formas, derivada de aquél que regresa con una identidad trastocada, borroneada, que da cuenta de su desplazamiento. Enseguida vendría también el performance y otras prácticas de efectiva teatralidad como los trabajos de Guillermo Gómez-Peña, por ejemplo, con marcas altamente políticas de emancipación cultural e ideológica, de denuncia y resistencia.

Con esta inflexión, y además considerando la urgencia y pertinencia del tema en cuestión tan preclaro en el teatro nacional, se realizó en la Universidad Iberoamericana de la ciudad de México un seminario especializado en el Posgrado en Letras Modernas, amparado bajo la Línea de investigación titulada: "Construcción de significado en objetos culturales: teatro y literatura en otros medios" que tiene como finalidad, entre otras, el análisis de la complejidad del teatro y de la espectacularidad, las texturas y sus textualidades. En el transcurso del monográfico se intentaron comprender las distancias y las proximidades, los puntos de cruce, las aristas y los préstamos entre las textualidades literarias y escénicas particulares, resaltando las estrategias discursivas, los mecanismos y modalidades de exposición en torno a este tema que lejos de agotarse, se renueva continuamente mostrando a su vez otros rostros emparejados a los alcances de la violencia derivada. Durante el curso se estableció un nutrido diálogo entre los textos de estudio y reflexión, bajo el amparo de teorías desprendidas de Aristóteles (causalidad, mímesis, verosimilitud, etcétera), la cláusula brechtiana, y también considerando aportaciones de la teatrología actual (espectacularidad, performance, emancipación, posdrama, etcétera), en confluencia con las auténticas políticas migratorias impulsadas y puestas en práctica en los distintos periodos de la relación binacional entre México y los Estados Unidos, pues éstas participan de la construcción de tensiones ante los sujetos que emigran.

Esta idea de aunar la contextualidad "concreta" y la ficción dramática, permitieron ir deconstruyendo discursos en los que se visibilizan las sofisticadas operaciones de vigilancia, restricción, confinamiento, deportación y en algunos de los casos hasta el aniquilamiento de personas. Los obstáculos que se anteponen a los objetivos de los sujetos migrantes participan del encabalgamiento dramático tanto en el sentido genérico como por la condición de pérdida o desahucio de sus protagonistas. En el amplio corpus de las piezas estudiadas, se manifiestan ya no sólo anécdotas colocadas en la ruta del largo y azaroso viaje, sino también ubicadas en los distintos territorios, durante el cruce, en los momentos de llegada, en la residencia o en el viaje de retorno. También hay lugar para mencionar a aquéllos que se quedan en territorio mexicano y esperan noticias de sus familiares, en un ambiente de zozobra y penurias.

Como uno de los resultados de ese seminario, las y los estudiantes del Posgrado fueron plasmando sus inquietudes mediante preguntas detonantes, palabras clave, referencias cruzadas, etcétera, hasta realizar sus aportaciones específicas a manera de ensayos académicos. Con esos materiales revisados *ex profeso* por sus auto-ras/es, se articula el presente libro. En el volumen se hacen acercamientos a obras de dramaturgas y dramaturgos, algunos ya reconocidos en el ámbito internacional y otros de menos despliegue en cuyo caso se pretende apoyar la difusión de su obra. Hay aproximaciones a piezas consideradas como imprescindibles del campo, como resultan por ejemplo el trabajo del ya citado Bustillo Oro, sumado a la producción de J. Humberto Robles, Víctor Hugo Rascón Banda, Javier Malpica o Guillermo Alanís, que se suman a las consideraciones de otras tantas dramaturgias -por el momento menos estudiadas-, como las de Daymari Sánchez Moreno, Xavier Villanova o Juan Carlos Embriz de quien en este libro se incluye una entrevista realizada a posta. Se revisa también alguna propuesta performativa de Guillermo Gómez-Peña en diálogo con Cynthia Franco. De igual manera, y de forma extraordinaria como se amerita, hay espacio para hacer una reflexión a cierto teatro dirigido para las pequeñas y jóvenes audiencias consideradas a partir del tema en cuestión, que se revisa en el capítulo que analiza el fenómeno de la migración con base en los conceptos *mise-en-scène* y *textralidad*, en función de dos obras de teatro y sus respectivos montajes de factura reciente: *Martina y los hombres pájaro* (2003) escrita por Mónica Hoth y dirigida por Steven Rodmen, y *Una bestia en mi jardín* (2015) escrita y dirigida por Valentina Sierra. De esta manera se registran las formas en que la dramaturgia y la puesta en escena muestran temáticas descarnadas como la migración, sin que el objetivo sea moralizar o educar a las niñas y los niños que acuden al espacio espectacular.

 Como podrá advertirse durante la lectura de los materiales que aquí se presentan, en algún caso hay consideración también para abordar la migración subjetiva, internalizada, sexo-genérica que atraviesa el/la sujeto migrante, y las condiciones que le imposibilitan la realización de su proyecto individual. En este sentido la referencia al tópico *fronterizo* es doble, tanto ya porque la fábula se ubica en la geografía física liminal reconocible y aludida, como también porque es vista como un factor de individualidad, identidad performativa y de búsqueda de participación en el suceso social.

En general el abordaje del *corpus* dramatúrgico se encuentra atravesado por conceptos y herramientas teóricas que, según el caso, se utilizan. Así resulta en el aprovechamiento de la noción de *heterotopía* de Michel Foucault, el concepto de *liminalidad* de Ileana Diéguez, la definición de *textralidad* acuñada por José Ramón Alcántara, por ejemplo, vinculadas también a ciertas reflexiones de la cultura, "lo fronterizo" y los procesos de la migración de mexicanos, prioritariamente, hacia los Estados Unidos.

Este volumen trata pues, en resumen, de una puesta académica que se suma a la discusión del asunto migratorio bajo la pauta de consideraciones como frontera real, onírica, líquida, imaginaria u objetual, tensión y distensión; la relación entre migración y memoria, el desplazamiento identitario y genérico, etcétera, siempre bajo la consideración de la escena como espacio de re-presentación, negociación y diálogo significativo.

Los desarraigados de Humberto Robles o la circularidad del conflicto migratorio

José Ramón Alcántara Mejía

Los desarraigados del dramaturgo mexicano Jorge Humberto Robles Arenas (1922-1984) es, tal vez, la primera obra dramática mexicana moderna que aborda implícitamente el complejo problema de la migración mexicana al país del norte. Aunque la obra se centra, como el título lo indica, en el desarraigo que experimentan las familias mexicanas que han migrado a los Estados Unidos de Norteamérica, específicamente durante la primera mitad del siglo veinte, refleja, sin embargo, el complejo desarrollo histórico de la migración mexicana hasta nuestros días, mostrando los problemas recurrentes que hacen su aparición cuando aparentemente ya se han establecido en el nuevo país y han emprendido el camino a la realización del sueño americano. La obra puede ser vista entonces como un corte dentro del flujo histórico de la migración desde que ésta adquirió tal forma en el siglo diecinueve, y a la vez, como un paradigma de la circularidad de las condiciones que resultan de la migración mexicana que, sin duda, lo es también, en cierta medida, de la migración centroamericana de los últimos años.

En efecto, como lo ha señalado recientemente Jorge Durand, la migración mexicana sólo puede ser comprendida como un fenómeno continuo desde 1848, a raíz de la firma del tratado Guadalupe-Hidalgo que dio fin a las hostilidades entre México y los Estados Unidos de Norteamérica resultantes de la inestabilidad política de México después de su independencia, y que significó la pérdida de los estados mexicanos de California, Arizona, Nuevo México, Nevada y Texas, junto con algunas partes de Colorado, Wyoming y Utah. La población mexicana residente en esos territorios de pronto pasó a ser parte del estado norteamericano y, no obstante, las provisiones del tratado, su condición quedó atrapada en el marco de la ambigüedad identitaria y racial, pues, sin embargo, el acceso a la ciudadanía norteamericana, su identidad cultural y lenguaje fue desde entonces marginada -no simplemente diferenciada-, tanto de la cultura norteamericana como de la mexicana. Desde entonces, los México-norteamericanos han mantenido una categoría ambigua de cuasi-migrante permanente en un territorio que, por justicia, debiera ser su propia tierra. Esto ocurrió casi inmediatamente a la firma del tratado, pues como señala Juan Manuel Vega:

> el artículo XIX del tratado originalmente establecía que los mexicanos que no conservasen la ciudadanía mexicana debían admitirse lo más pronto posible al goce de los derechos ciudadanos de los Estados Unidos, pero el Congreso no estimó oportuno decidir el asunto inmediatamente después de que se firmara el tratado y estos mexicanos se confrontaron con una serie de leyes y decisiones judiciales que hacían más indeterminada su situación en los Estados Unidos. (24-25)

El drama, ubicado cien años después del tratado, muestra la persistencia del estigma hacia los ciudadanos de origen mexicano, como si la pérdida territorial se convirtiera en un trauma que heredaran las sucesivas generaciones de inmigrantes, no obstante haber adquirido la ciudadanía. De esta manera, quienes se desplazaron al país del norte durante la primera mitad del siglo XX, que incluye a los personajes de la obra, y quienes han llegado después, pasan a ser parte de esa historia de desterritorialización forzada, que de cierta manera dificulta la completa asimilación a la cultura norteamericana, lo que a la vez es transmitido a las siguientes generaciones de migrantes. A diferencia de otros grupos de otros continentes para quienes el lazo cultural se diluye en la nostalgia, para el migrante mexicano la permanente proximidad territorial y cultural del país con el que, para bien o para mal, se sienten y son identificados por los demás habitantes estadounidenses, es una fuerza vital que persiste a través de las generaciones.

Por otra parte, la relación con México es también conflictiva por la misma actitud que encuentran hacia ellos en el territorio nacional, cuyos habitantes, como también lo muestra la obra y el contexto en la que ésta se produce, los considera "desarraigados", es decir, mexicanos que "trágicamente" se encuentran en tierra de nadie, ni de aquí ni de allá y, por tanto, son objeto de conmiseración. El drama recapitula así la condición ontológica del migrante mexicano desde la pérdida del territorio nacional en el siglo XIX, pasando por sucesivas etapas en que se repite el ciclo de ajuste con cada grupo migratorio posterior, cuya sensación de desarraigo está fuertemente vinculada a la experiencia de la migración en el caso de los mexicanos –pero como hemos mencionado antes, pudiera ser que también el caso en los migrantes centroamericanos.

La poca crítica que se ha realizado sobre la obra se ha enfocado, desde luego, en la primera alusión del título, esto es, en el desarraigo como carencia. Sin embargo, aquí queremos sugerir que la obra apuntaba ya entonces a una dinámica que fue reconocida posteriormente por el movimiento chicano, que transformó el desarraigo en un proceso de reivindicación en el contexto de la cultura norteamericana y, poco a poco, en la mexicana, precisamente cuando la problemática migratoria de fin de siglo cambió la percepción del flujo cultural fronterizo, alimentado precisamente por los "desarraigados" mexicanos.

El contexto de la obra es, pues, el estigma de la calidad de migrante de los mexicanos que cruzan la frontera norte -un estigma que nunca se ha aplicado, por ejemplo, a los migrantes europeos en el mismo país. En efecto, comenzando con los "migrantes involuntarios" de hace más de un siglo que lo fueron no por haber abandonado su país, sino porque su país los abandonó a ellos. Esto los condenó a un permanente sentido de desarraigo que llegó a formar parte de su realidad cultural, social, política y religiosa. El fenómeno se volvió cada vez más complejo por ser perpetuado a través de sucesivas olas migratorias, legales e ilegales, que de otra manera también han sido abandonados por su país, creándose así esa historia continua que abarca ya varias generaciones, de las cuales *Los desarraigados* es un ejemplo.

Desde este punto de vista, el corte que la obra de Robles muestra, problematiza y permite observar las características recurrentes de la experiencia de la vida migratoria mexicana, si bien con expresiones distintas, en su devenir histórico, y es por ello por lo que el drama se ha mantenido vigente a pesar de que su tema y los montajes que de ella se han hecho puedan parecer pasados de moda para un espectador ajeno a la experiencia a la que se refiere. David William Foster, por ejemplo, al reseñar un montaje de finales de los años noventa del siglo pasado realizado por un grupo chicano, comenta: "Conforme miraba la obra me fascinó por qué un grupo de teatro chicano se empeñó en producir un drama con un mensaje tan derogatorio sobre la experiencia chicana sin una mínima referencia metateatral" (95). Lo que para Foster pudo haber sido un montaje ingenuo y con un mensaje negativo sobre la identidad mexicano-norteamericana, evidentemente para el grupo chicano que produjo la obra no era así. Por el contrario, tanto a los/as creadores escénicos como al público chicano ésta les decía algo sobre su propia experiencia actual, no obstante que el referente dramático era de hacía cuarenta años. Para ellos y ellas, sin duda, aludía a una actualidad cotidiana vigente, algo que querían compartir con una audiencia que se identificaría con la misma experiencia que era todo menos "derogatoria". Obviamente, para el crítico la obra no tenía la resonancia y, consecuentemente, tampoco el significado que sí tenía para quienes vivían la realidad a la que la obra se refiere y con la cual quizá él no podía identificarse.

Lo que la crítica de Foster y otras semejantes hicieron fue simplemente reproducir la percepción que la obra suscitó originalmente en México. Robles, un escritor medianamente conocido, entró en la escena mexicana por medio del premio otorgado por el periódico *El Nacional* en 1955 a su texto y, posteriormente, por haber sido elegido tres años después, en 1959, para inaugurar con su montaje el espacio escénico que, según Rafael Solana, significó la mayoría de edad del teatro mexicano -el teatro El Granero, primer teatro circular en Latinoamérica ubicado en el conjunto cultural más importante del país.[1]

Si bien la crítica periodística reconoció la impecable estructura dramática que resaltó la dirección de Xavier Rojas, concedió particular importancia a la "pertinencia" de su mensaje, porque representaba ante un público mexicano una realidad que en general era desconocida, y si la conocía era con una imagen distorsionada por el prejuicio social, como lo reflejaba en su reseña el crítico Antonio Magaña Esquivel:

> Robles plantea el drama de la población mexicana que radica en las ciudades del sur de los Estados Unidos, los desarraigados, los 'pochos', gente desorientada, indecisa, indefinida, que no logra fundirse totalmente al medio y al temperamento extraños y que tampoco buscan sus auténticas raíces. (139)

---

[1] Tres años más tarde el mismo Solana ya ha convertido a la obra en un clásico del teatro mexicano en una reseña de su reposición: "Con mucho tino don Celestino Gorostiza escogió como segunda obra para la temporada de oro del teatro mexicano, que está llevando adelante en el Fábregas, *Los desarraigados*, de Humberto Robles Arenas, que es una de las piezas que pueden considerarse como clásicas de nuestra literatura dramática de mediados del siglo que corre". (*Siempre*, 7 de marzo de 1962)

La crítica de Magaña es, pues, el primer contexto desde el que fue vista la obra en el país: el discurso ya ampliamente difundido sobre el pochismo y los pachucos como desarraigados que expresara unos años antes Octavio Paz en su icónico ensayo *El laberinto de la soledad*. Esta lectura de la obra persistiría en los trabajos críticos subsecuentes, como lo hemos señalado, pues investigaciones como la de Adolfo Franco concluye en 1983, más de veinte años después del estreno, que:

> En este momento, cabe preguntarse cuáles son los verdaderos propósitos que informan la obra. No parece ser una mera preocupación piadosa, humanitaria en favor de un grupo étnico de origen común - "los pochos"- que anda al garete en el país vecino (...). Se pretende (...) que México, después de cien años, (...) cambie de actitud hacia ese grupo que es menester rescatar para ganar la causa común aprovechando la circunstancia que se sigue sintiendo, en lo esencial, como mexicano. Al propio tiempo se estimula a la Raza a que revise su pasado y reconozca sus yerros y a que incremente su amor a la patria grande y común. (Franco 97)

La última frase sugiere, por una parte, el papel que juega la obra en el programa político cultural del México moderno, y por otra que la obra, para entonces, ya había alcanzado una amplia audiencia chicana, la Raza, como años después lo confirmara Foster; pero como éste, Franco es igualmente incapaz de ver su propósito más allá de ser un corrector del pecado del desarraigo, y analizar la función que comenzó a cumplir en el país al norte de la frontera nacional.

La crítica periodística en México, por su parte, no ha cambiado su percepción de la obra al pasar los años. Una nota periodística de Moisés Castillo en 2017, que alude a la elogiosa reseña de Solana, revisa y afirma las vicisitudes de la obra en su itinerario histórico, manteniendo siempre el uso peyorativo del título y señala:

> La obra en cuestión, que va para convertirse en uno de nuestros clásicos, tiene más o menos la siguiente historia: la primera vez que se supo de ella, fue allá por el 56, cuando el jurado del concurso de comedias del Nacional dijo, mutatis mutandis, "que le otorga el premio a los Desarraigados, entre otras virtudes, por la mexicanidad de su tema" luego, fue estrenada en el Granero, en donde duró años y felices días, se convirtió después en el caballito de batalla de los grupos de *Teatro Foráneo*, y en superproducción cinematográfica, y aparece ahora "peinando canas", en la TEMPORADA DE ORO DEL TEATRO MEXICANO, con un letrero que dice: "la verdad sobre los mexicanos que desertan de su Patria". No se necesita mucho olfato para sentir que desde el título, la obra huele a naturalismo. Algo muy científico… y muy melodramático. (Castillo s.p.)

El artículo de Castillo es, desde luego, una sátira que se extiende al argumento de la obra, pero da cuenta tanto de la popularidad que ha tenido entre los "grupos foráneos", como del constante uso peyorativo del desarraigo en el tratamiento de la obra en México. Esto significa que los "grupos foráneos" muestran una apreciación particular hacia a la obra, no con el estigma que viene de la visión de Paz, que los intelectuales chicanos conocían muy bien, aunque no es seguro que estuvieran de acuerdo con ella, sino del público hispanohablante norteamericano común y corriente que sí estaba familiarizada con la realidad de la que habla la obra, para quienes resulta profundamente impactante.

La popularidad de la obra en ambos lados de la frontera, aunque por diferentes razones, se hizo un año después de su estreno. *Los desarraigados* fue llevada al cine con un guion del propio autor y con un elenco de lo más granado de la época de oro del cine mexicano y, varios años después, en 1976, aparece una segunda versión actualizada con referencia al papel de los mexicanos en la guerra de Vietnam, es decir, resaltando el papel del servicio militar, como ocurre en la primera versión de la obra con la Segunda Guerra y la guerra de Corea, como un camino para adquirir la ciudadanía o el reconocimiento cultural de la identidad norteamericana. Esta alusión, con poca referencia a la realidad mexicana es, sin embargo, un factor muy significativo en la vida de los mexicano-norteamericanos. Esto confirma la amplia acogida que la obra recibió entre la población de origen mexicano en los Estados Unidos, y aparentemente pasó a formar parte del acervo fílmico cultural de esa población en pleno auge de las luchas reivindicatorias del movimiento chicano, contribuyendo sin duda a la subsecuente aparición de otras obras fílmicas paradigmáticas como *Zoot Suit* (1981) y *La Bamba* (1987) de Luis Valdés –quien fuera pionero del teatro chicano– y *Selena* (1997) de Gregory Nava, entre otras.

Es claro entonces que mientras Los *desarraigados* continuó siendo en México una obra sobre el melodrama de los "desarraigados" en Estados Unidos, que para los espectadores nacionales y para el Estado mexicano sólo continuaba representado el lado negativo de cultura migratoria, en el país del norte su recepción fue totalmente diferente. Sugiero que esto fue así porque propició el despertar de la conciencia de la compleja y persistente realidad de los migrantes mexicanos, pero también la imperiosa necesidad de reivindicar y resaltar el valor de dicha cultura. Eventualmente esto también tuvo un efecto en México, contribuyó a cuestionar la visión negativa del concepto de desarraigo y del pochismo fomentado por intelectuales posrevolucionarios como Paz, y aprovechado por el Estado mexicano para firmar que la "verdadera" identidad mexicana sólo se lograba de este lado de la frontera. Este es, pues, precisamente el subtexto de la obra que leído por la crítica y la audiencia mexicana de su tiempo era una señal de derrotismo, pero no para los creadores escénicos y, ultimadamente, las audiencias chicanas que encontraban en ella una reflexión sobre su propia historia migratoria. Sugiero, entonces, que es necesario el rescate de la obra con un enfoque que resalte su importancia en la formación cultural de La Raza en el país del norte, y un montaje actualizado que permita reflexionar sobre el porte de la obra a la transformación de la percepción del fenómeno migratorio.

El argumento de la obra es sencillo y su estructura dramática más bien convencional, pero dentro de esta sencillez emergen situaciones dramáticas vinculadas con un contexto histórico-social más amplio y que permite un análisis más profundo. La trama gira en torno a la familia Pacheco, cuyos padres, Pancho y Aurelia, emigraron a Texas huyendo de la violencia de la Revolución junto con sus tres hijos, quienes posteriormente fueron enlistados por el ejército norteamericano en la Segunda Guerra y en la guerra de Corea, respectivamente; dos de los cuales mueren y el tercero, Joe, queda afectado por lo que hoy se llama desorden postraumático, encontrándose bajo tratamiento contra el alcoholismo resultante.

Los padres han procreado ya en Estados Unidos otros dos hijos, Alice y Jimmy, ahora adolescentes, a través de quienes observamos, desde la anglosajonización de sus nombres, el intento de asimilación a la cultura norteamericana y, a la vez, la desintegración de la identidad nuclear, social y cultural de la familia. En una primera escena vemos ya lo que constituirá la crisis de la trama y de la realidad social a la que alude: Pancho le reclama a su hija Alice la falta de tensión y respeto hacia su madre, y su desapego a participar en las actividades familiares como la ayuda en la cocina:

PANCHO: ¡Contéstame como Dios manda y deja de leyer que te estoy hablando!

ALICE: I know, I know…! Ya me lo has dicho muchas veces.

PANCHO: Pos parece que te ha entrao por una oreja y te ha salío por la otra porque no haces aprecio. Ya bastante se ha arruinao la pobre teniendo que lavar en ese cochino laundy, pa' que entoavía se siga fregando.

ALICE: Yeah… I know the story.

PANCHO: ¡A mi háblame en crestiano que ya sabes que me choca que andes…!

ALICE: We live in the United States!

PANCHO: Viviremos acá… Pero en mi casa se hace lo que yo quera y mande. No me gusta que no queras hablar en tu propio idioma.

ALICE: ¡Este no es mi idioma!

PANCHO: ¿Entonces cuál va a ser?

ALICE: ¡Tch, oh!... ¡Ya me tienen aburrida con tanta cosa… Por eso que bueno qué ya me voy a casar. (150-151)

En efecto, Alice pretende escapar de lo que considera es un obstáculo para su asimilación social, pero lo hace con la ingenuidad de la adolescente que eventualmente encuentra el escape en el matrimonio por conveniencia. Evidentemente, ella ve los valores familiares como atávicos, y el futuro por medio de una relación con el hijo de un ranchero gringo rico. Pancho, al enterarse, le advierte de su ingenuidad y, de paso, hace referencia a las condiciones laborales que imperan entre la población mexicano-norteamericana:

> PANCHO: ¿Y sabes cómo hizo su dinero? A costa del sudor y trabajo de los chicanos que vinieron del otro lao a trabajar en su rancho... De allí fue de onde sacó pa' la fábrica de clavos de la que ora presume tanto... Si ni siquiera tuvo escuela. (151)

La referencia da cuenta de las consecuencias de los diferentes programas creados por los gobiernos norteamericano y mexicano, respectivamente, después de la Primera y Segunda guerra, para obtener mano de obra, que a la vez fue el incentivo para muchas familias mexicanas para huir de los estragos posrevolucionarios. Pero no deja de señalar aquello por lo que Cesar Chávez, el líder sindical de origen mexicano fundador del *United Farm Workers*, lucharía incansablemente varios años después: la ampliamente documentada explotación de los trabajadores migrantes.

Así, de entrada, la obra nos confronta con una situación social de desigualdad laboral, que Pancho mismo llegará a experimentar al avanzar la trama; pero por lo pronto, el problema más inmediato para él es la actitud de su propia hija ante el matrimonio cuando ésta le confiesa que no se casaría por amor:

> PANCHO: ¿No?... ¿Enton's por qué?... ¿Cómo creyes que tu madre y yo hubiéramos llevao una vida de tantos años si no juera por eso?... A más... Ese muchacho está en la edá del servicio, pueden llamarlo de un momento a otro y tu quedarte casada y sin hombre. ¿Es eso lo que

quieres? (*Alice sonríe con maliciosa satisfacción.*) No... me digas que lo haces únicamente por el allowance...
ALICE: Y si ansina juera... ¿Qué?
(152)

El matrimonio por interés significa para Pancho el derrumbe de los valores familiares, pero lo peor es el desprecio de la hija a su propio apellido, es decir, a su propia historia y cultura: "¡Lo que oyites! ¡Por eso me voy a casar con un bolillo, pa no llevar ni siquiera tu apellido, porque enton's voy a dejar de ser Pacheco y seré Smith...!" (153).

Agobiado por el descubrimiento de la vergüenza que su hija siente por su cultura encerrada en su apellido, poco después, cuando ella se ha ido, Pancho enfrenta le pregunta a su hijo Jimmy que acaba de entrar:

PANCHO: ¡Jimmy!... ¡¡Jimmito!!... Aguarda un poco hijo...Tú eres mexicano, ¿verdá?
JIMMY: ¿Mmmm? (*Pausa en lo que piensa*)... ¡Anjá!
PANCHO: Y... no te sientes orgulloso de serlo?
JIMMY: (*Cada vez más asombrado y después de pausa*)... Yo creo que sí... ¿Por qué?
PANCHO: Mira... Esto no es cosa de creer... Sino de sentirlo...Tú lo sientes, ¿verdá? (*Un tanto indeciso Jimmy mueve la cabeza en sentido negativo*) (...) ¿No te hubiera gustado haber nacido en México? (153)

Sí, a Jimmy le gustaría haber nacido en México, pero Pancho descubre que no es por orgullo cultural sino por una fantasía creada por las películas norteamericanas de la época, un México que es Acapulco, la diversión y el folklor. La realidad es que Jimmy también ha sido atrapado por el deseo americano de hacerse rico rápido, lo que le lleva a involucrase con el tráfico de drogas, y esto dará pie a otra de las problemáticas a la que la obra alude y que llegaría a ser un problema fundamental al paso de los años para las culturas fronterizas: los carteles de la droga, que en la obra son fomentados por más por los gringos que por los mexicanos.

Como podemos notar, los personajes se expresan con lo que se llegaría a llamar *spanglish*. En su crítica, Foster realiza un análisis detallado de los diferentes idiolectos utilizados por los personajes para identificar tanto las diferentes capas ideológicas de cada generación, como la manera en que la cultura se va desintegrando, acrecentando aún más el sentido de desarraigo, un lenguaje que se manifiesta aún más "degenerado" ante el español impecable de una visitante del centro de México, Elena, que acentúa, por ello, la distancia cultural, social e incluso de clase, entre los "pochos" y los mexicanos nacionales. El *spanglish* como lenguaje dramático, si no literario es, sin embargo, uno de los aportes más significativos de la obra. Por una parte, es un elemento que muestra el prejuicio hacia él mismo al ser contrastado con el español de la visitante mexicana, pero por otro le da una calidad estética propia que sin duda fue apreciada por las audiencias que podían comprenderlo e identificarse con él, y que entra así en el territorio del lenguaje literario que años después sería patrimonio de la literatura chicana.

El carácter melodramático de la obra permite observar otros aspectos contextuales más allá de ella. De hecho, no se hace necesario repasar las subsecuentes escenas predecibles, pues desde el primer acto se ofrecen los elementos que constituyen el drama doméstico de crisis generacionales y amores no correspondidos que enmarcan la problemática social que la obra manifiesta. Sabemos, sin embargo, que el melodrama, como el género por excelencia de la época de oro del teatro y del cine mexicanos, es utilizado para acentuar los conflictos sociales de clase y generacionales propiciados por la Revolución y la entrada de México a la modernidad. Sin duda es por ello por lo que Solana la vio como una muestra del teatro nuevo y le otorgó la categoría de clásico. La obra pasó así a formar parte de ese movimiento en el que las clases populares son reivindicadas -aunque sean mantenidas en la marginación-, el arte mexicano es vinculado con el nacionalismo posrevolucionario enraizado en la herencia prehispánica de los mestizos y los indígenas cristalizados en el moderno Museo Nacional de Antropología inaugurado por esas fechas. Este es el "arraigo" nacionalista que se enfrenta al "desarraigo", de los "otros mexicanos" allende la frontera; de aquellos que han abandonado sus raíces en pos del sueño americano, y sobre los cuales se lanza una advertencia y una invitación a mantener su identidad "nacional". Por otra parte, la obra es también en cierta forma contestataria de esa visión idealizada del México moderno que continúa marginando a aquellos mexicanos allende el Bravo. Esto, como lo hemos mencionado habla ya de la circularidad de la cultura migratoria mexicana según es percibida en México, pero también de la necesidad que sea interpelada como lo harían posteriormente los movimientos chicanos. En este sentido la obra es pionera en dicha demanda.

Por tanto, la obra es también un documento significativo para la historia cultural de México que cuestiona el nacionalismo y el racismo no sólo de los Estados Unidos sino también de México, que pone en crisis la noción esencialista, a lo Octavio Paz y de los intelectuales quienes le precedieron y le siguieron.

Visto de esta manera, el término "desarraigado" en el título de la obra es el principio de una revaloración del término, pues como hemos visto, va perdiendo el sentido peyorativo como algunos lo entendían cuando la obra recibió su aclamado estreno, y se va convirtiendo, gracias la difusión histórica de la obra entre la población migrante mexicana, en un concepto que problematiza la resistencia cultural y lingüística asumida, consciente o inconscientemente, por los chicanos y chicanas, ante la imposición cotidiana de otra cultura y otra lengua, y el anhelo por una raíz que ya no puede ser el país del que provienen porque también los ha marginado cultural y políticamente.

El desarraigo prepara así el camino para otro arraigo que se convierte en una utopía que acompañará los procesos migratorios mexicanos y quizá de todas las poblaciones migrantes; no el arraigo a la cultura dominante ni a la cultura nacional, sino, como señala Paul Ricoeur, como una utopía que es:

> la expresión de todas las potencialidades de un grupo que se encuentra reprimido por un orden existente (...). La utopía es el sueño de otra manera de existencia familiar, de otra manera de apropiarse de las cosas y de consumir los bienes, de otra manera de organizar la vida política, de otra manera de vivir la vida religiosa. (357)

En fin, la utopía enraizada, ya no en México sino en un mítico Aztlán que, en la cultura chicana, es el origen de la Raza y de una cultura distinta y propia. La utopía comienza a construirse, diría Ricoeur, cuando se abandona la ideología, la identidad esencialista del nacionalismo mexicano en ese otro lado de la frontera llamado México. Creemos que *Los desarraigados* es el artefacto estético en el que se observa a la vez la crisis y, en forma irónica, precisamente por su carácter melodramático, el anuncio de esta transición.

Los desarraigados entonces, muestra las consecuencias para quienes logran establecerse en el territorio soñado, aún si esto conlleva la experiencia de desarraigo y, por consiguiente, es un paradigma que permite ver *la recurrencia* de los conflictos que el desarraigo migratorio hace emerger en las familias que se desplazan a otros territorios por diversas razones.

A la vez, la obra retrata las transformaciones generacionales, en las que también se manifiesta cierta constante: crisis de identidad, sentido de desarraigo en ambas culturas, discriminación, pocas oportunidades económicas y de avance social y educativas, resistencia a la asimilación, idealización y nostalgia por las raíces culturales y a la vez rechazo y vergüenza a las mismas. En suma, la obra muestra ya la demanda por otros discursos identitarios más inclusivos, demandando el advenimiento de afirmaciones de la cultura chicana como propia, ya no subordinada al nacionalismo mexicano o norteamericano, sino construyéndose a sí misma sin renunciar a su herencia histórica ni a la resistencia y tampoco a la búsqueda, que es el sentido de la utopía a la que se refiere Ricoeur.

Bibliografía

Castillo, Moisés. "'Peinando canas' aparece en la temporada de oro del Teatro Mexicano con ese letrero: 'la verdad sobre los mexicanos que desertan de su patria'". *Siempre*. Enero 22, 2017. http://www.siempre.mx/2017/01/los-desarraigados/. Fecha de consulta: 4 de enero de 2021.

Durand, Jorge. *Historia mínima de la migración México-Estados Unidos*. El Colegio de México, 2016.

Franco, Adolfo M. "*Los desarraigados*. Encrucijada entre dos mundos". *Cincinnati Romance Review*, 2, 1983.

Foster, David William. "Theatrical Space and Language: J. Humberto Roble's Los *Desarraigados*". *Lenguas modernas* 20, 1993.

Los desarraigados. Film. Dir. Gilberto Gascón. Guion. Gilberto Gascón y Humberto Robles. Actores Pedro Armendáriz, Ariadne Welter, Agustín de Anda. 1960. https://www.facebook.com/pelioro/videos/633686180171395/. Fecha de consulta 4 de enero de 2021.

Los desarraigados. Film. Dir. Rubén Galindo. Guion. Rubén Galindo, Humberto Robles Arenas. Actores Mario Almada, Pedro Infante Jr., Blanca Torres. 1976. https://www.youtube.com/watch?v=zv6ZRyEH0F0. Fecha de consulta 4 de enero de 2021.

Magaña Esquivel, Antonio. "Introducción" a *Los desarraigados*. *Teatro mexicano del siglo XX*, IV. FCE, 1980. 139-140.

Robles, J. Humberto. *Los desarraigados*. *Teatro mexicano del siglo XX, IV*. Compilado por Antonio Magaña Esquivel. FCE, 1980.

Solana, Rafael. "Con *Los desarraigados* de J. Humberto Robles Arenas se inaugura el teatro del Granero". *Siempre!*, 19 de septiembre de 1956.

---. "Reposición de *Los desarraigados* de Humberto Robles Arenas, dirige Xavier Rojas". *Siempre!*, 7 de marzo de 1962.

Paz, Octavio. *El laberinto de la soledad*. Fondo de Cultura Económica, 1985.

Ricoeur, Paul. *Del texto a la acción. Ensayos de hermenéutica II*. Fondo de Cultura Económica, 2002.

Sobernes Fernández, José Luis y Juan Vega Gómez. El Tratado de Guadalupe Hidalgo en su sesquicentenario. *Cuadernos Constitucionales México-Centroamérica* 28.

Tratado de paz, amistad, límites y arreglo definitivo entre los Estados Unidos Mexicanos y los Estados Unidos de América. http://www.cila.gob.mx/tyc/1848.pdf. Fecha de consulta 4 de enero de 2021

Pensar las *formas* del padre.
Aproximaciones desde la dramaturgia
mexicana de la migración

Cesare Gaffurri Oldano

A mi padre, otro migrante

Veo a mi padre asomado a la ventana.
Sentado en el suelo del cuarto,
miro su espalda ancha. Aún no camino.
Qué hermoso es un padre
cuando, asomado a una ventana,
su espalda se recorta para el hijo.
Le deja impreso su mejor recuerdo.
Padre que encara el mundo,
primera puerta que nos da la infancia,
primer atisbo de que no todo es pecho.
Fabio Morábito

Existe una *forma* en la que el padre se ha manifestado desde tiempos inmemoriales en la literatura. Homero escribió acerca de Ulises y su larga travesía; pero *La odisea* es la espera de un hijo por su padre. Lo que hace Telémaco no es más que darle una forma a esa ausencia, a esa larga espera, a punta de recuerdos y de imágenes que se hilvanan, como el telar de Penélope, para acabar con ese vacío. Sin embargo, no se percibe (ni se tiene) la *forma* del padre en Occidente como la que se ha tenido (o padecido) en América Latina. El padre latinoamericano tiene en la ausencia su propia *forma*, y aún más en las últimas décadas cuando el concepto de familia, establecido desde inicios de siglo XIX -cuando se instituía la familia como modelo social, como calco del Estado-, se ha fracturado. Y esa fractura es parte de la misma *forma* porque no es pensar en el padre como una ausencia ante la responsabilidad de ejercer su paternidad, sino también en cada padre que por buscar una nueva oportunidad ha tenido que dejar su casa e intentar una nueva vida en otro lugar, y ha sido a causa de las pocas oportunidades socio-económicas que se han generado desplazamientos (forzados o no) en búsqueda de algo que no siempre es mejor.

Revisitar la imagen del padre también nos obliga, en cierta medida y casi como un cliché, a desromantizar la figura del padre, pero también de la familia como tal. Este trabajo indaga formas en cómo se plantea la imagen paterna en el teatro contemporáneo mexicano, pero no hay que olvidar los abusos y maltratos que subyacen en muchas familias a causa de la presencia de ciertos padres. De igual forma, la evolución misma de las familias, formadas por parejas homosexuales que suplen y re-afirman también una nueva estructura del núcleo familiar. Este elemento es necesario para comprender las obras elegidas porque, en definitiva, confirman (y no debaten ni se cuestionan) el discurso tradicional y patriarcal, casi que católico, de las familias, que son funcionales por su orden, por su composición, porque hay un padre que orienta, guía, alimenta, mantiene, da la cara por cada miembro de la familia. Esa es *una forma* por la que este ensayo busca indagar y tensar, no necesariamente apoyando, esa concepción.

Esa *forma* se percibe con silencios, ausencias y sometimiento en tres de obras representativas de la dramaturgia mexicana: *Los que vuelven* (1933), de Juan Bustillo Oro; *De acá, de este lado* (1986), de Guillermo Alanís; y *Papá está en la Atlántida* (2006), de Javier Malpica; puesto que cada una de estas piezas sintetiza un momento específico del proceso de migración México/Estados Unidos; tres etapas en las cuales operaron diversos mecanismos y razones migratorias que conllevaron a desenlaces completamente diferentes: tres tipos de padre quienes bajo una *forma* diversa se entrelazan entre los diálogos y la trama.

I

Los que vuelven es una obra que retrata la situación que muchos mexicanos estaban pasando entre finales de los años veinte e inicios de los años treinta en Estados Unidos. En esta historia, José María y Remedios son los protagonistas de un drama determinado desde el momento en el que son despedidos de su lugar de trabajo en los maltrechos Estados Unidos. La crisis, como consecuencia de la Gran Depresión de 1929, ha dejado a la mayor parte de la población en una recesión económica significativa y una tasa de desempleo considerable. Chema, como lo llaman los demás personajes de la obra, y Remedios, su mujer, se ven obligados a abandonar la plantación de maíz porque su trabajo, el que tienen los mexicanos extranjeros, deben tomarlo los estadounidenses. Aquí asistimos a la primera *forma* de Chema, un hombre entrado en años, quien sufre constantemente la queja de su esposa por haber abandonado su tierra y por haber desprendido de ella los cuerpos de sus hijos. Habían sido la falta de oportunidades y la situación que se vivía en México las que obligaron a Chema y su familia a abandonar su casa y probar vida en otro lado. Sin embargo, esta decisión fisuró el orden de la familia haciendo que se separaran y tomaran diferentes rumbos. Sus hijos no viven más con ellos, Guadalupe Kerr, se casó con un gringo con quien están a punto de tener un hijo; y Pedro, de quien desconocen su paradero, y quien perdió una mano trabajando en unas máquinas y desde hace más de seis meses estaba a la espera de su indemnización. En su estructura aristotélica, cada personaje vive y cumple su destino, pero es justo la imagen de Chema quien más pierde a lo largo de la obra: es el padre quien paga sus culpas: "Es tu pecado... El habernos arrancado como plantitas de nuestra tierra húmeda para aventarnos a las máquinas de los extraños... ¡Haberte traído nuestros huesos a que alimente tierra que no es la tuya!" (Bustillo Oro 23); y eso se ve en la estructura de la obra: en el primer acto están Chema y Remedios, solos, sin sus hijos, acompañados únicamente por un canario; en el segundo acto, quedan sólo Chema y Remedios quienes, tras ir a la búsqueda de su hija antes de regresar a México, pierden al pajarito debido al calor sofocante y las condiciones del viaje; y en el último acto, no resta más que la soledad y el dolor de Chema quien ha perdido a toda su familia: Guadalupe vivirá en los Estados Unidos junto a su esposo y el hijo que está por venir; Pedro no se sabe dónde esté, pero es muy probable que haya sido deportado y que se hayan cruzado cuando Chema y Socorro regresaban a México; y por último Socorro, quien fallece en el intento de regresar a su patria.

Un elemento que hay que destacar de la obra de Bustillo Oro es que hay una serie de *formas* de padre que se entrelazan a lo largo de todo el texto. No es sólo Chema como cabeza de familia, sino es el propio Alfred Kerr, su yerno, quien debe tomar decisiones y velar por la seguridad y bienestar de su familia. Así está también Corrigan, quien es el responsable del trabajo en los maizales y tiene una figura no tanto representada como padre de familia, sino como representante del patriarcado y de la masculinidad del Estado. Y hay otro personaje que destaca, el de García, quien, por un lado, es el representante de Corrigan ante los empleados mexicanos y quien vela por Chema y Socorro; y, por otro, en el primer acto, recuerda a su padre que, en una segunda lectura, no es más que México; el recuerdo de su infancia, de su padre que es esa patria que ha dejado por otra en donde "Llevo tres años de Norte a Sur; conozco los Estados Unidos para arriba y para abajo… La he hecho de todo: desde lavaplatos a limpiador de calles… Y lo único bueno que he logrado es verme otra vez entre los míos… Aquí" (Bustillo Oro 20).

Y el castigo que queda es el vacío, el silencio y el delirio de la frontera. Chema no resiste más y es posible que no sea la edad y tampoco las condiciones climáticas, sino la culpa y el viaje agotador de reconocimiento: la muerte es la pérdida de su identidad, de su familia, lejos de casa. Es curioso que justo Chema fallezca en la frontera, en esa zona híbrida, tal como fue su vida, ese acá y allá constante, o ese no-lugar o no-pertenecer a ningún otro lugar. Chema muere en un intersticio, en un lugar cero: fuera del tiempo y del espacio, en un pliegue de su cultura, en la fisura de su pasado y su futuro.

Esta sensación de delirio nos abre la puerta a *De acá, de este lado* (1986) de Guillermo Alanís, obra ganadora del Primer Concurso de Obras de Teatro de la Frontera Norte, publicado en la antología del mismo año, *Tres de la frontera tres* junto a las otras dos obras premiadas en segundo y tercer lugar, *La frontera*, de Francisco Ortega Rodríguez, y *Cupido hizo casa en Bravo*, de Irma Guadalupe Olivares Ávila.

La obra de Alanís muestra un contexto distópico y fisurado a causa de un motivo: la ausencia de lo masculino en la casa. En un primer momento se sabe que la Madre está a la espera de que su hijo mayor, quien cruzó la frontera para encontrar trabajo, les empiece a enviar dinero para poder salir adelante; más entrados en la obra, descubrimos que la verdadera fisura comenzó desde el momento en el que el padre de sus hijos abandonó la casa:

> MADRE: Mi viejo me abandonó hace tiempo, era un borracho y un mujeriego, y yo… yo no lo podía aguantar, una vez le reclamé y trató de pegarme, fue cuando le pedí que se largara; después me arrepentí. No quería estar sola con mis hijos, además, fue cuando me di cuenta que tenía otra vieja más joven y buena que yo… y entonces pensé hacerle un mal y le pagué a una mujer pa' que le hiciera un *trabajo*.
>
> HIJO: ¿Y qué pasó?
>
> MADRE: No sé qué enfermedá rara le vino a la mujer, pero todavía está tirada en la cama, como podrida por dentro; él ha batallado mucho, pos parece que sí la quiere y todo este tiempo no la ha dejado, y a mí me da más coraje, porque nunca volvió a visitarnos, ni siquiera me pasó nada, lo único

> que logré quitarle fue esta casilla, tan pobre.
> (Alanís 73)

La ausencia carnavaliza el espacio y a los personajes de la obra. Hay una alternancia que se refuerza con el vacío del padre, su *forma* ausente genera una inversión de roles, de poder que desestabilizan la realidad. Obviando el final, en donde todo concluye como un sueño, vale la pena detenerse en la estructura de la obra que opera desde su verdadera pulsión: la repetición de las escenas anula el tiempo y lo vuelve cíclico, como un castigo en el Infierno dantesco: ese vacío se pliega sobre los personajes y es allí donde radica lo absurdo, la exageración de las escenas, la distorsión de la realidad política, familiar y religiosa. Además, esta obra explora el *locus* norteño desde la misma configuración del espacio, a través de los personajes femeninos y el tema religioso que la determinan por completo; y de las dicotomías en las que funciona esta obra: el bien y el mal, la riqueza y la pobreza, la ilusión y la realidad. La locura de la madre es locura en tanto ausencia, en cuanto a una primera pérdida y la incapacidad de tomar las riendas de su casa, y en cuanto a la espera del hijo que está del otro lado y en el confiar en él como supervivencia. Es una ausencia de madre que deviene la propia ausencia del padre como *forma*, porque no está más contenida en cuanto existencia, y es una existencia contenida en la paranoia, en la locura.

Cabe resaltar esos espacios de paranoia. La estructura cíclica de la obra hace que los protagonistas (Madre, Hija e Hijo) se muevan dentro de diferentes campos. En el primero, desde lo patriótico, con el Hijo imaginado como presidente haciendo el grito por las fechas patrias; en el segundo desde lo religioso, con el Hijo como sacerdote escuchando las culpas de su Madre y su hermana; y desde lo familiar, donde hay un desenlace de la trama y donde hay un *crescendo* de las actitudes y las verdades de la familia, cuyo resultado es el asesinato de la Madre por parte de sus hijos. En estas dinámicas podemos evidenciar cómo la ausencia del padre distorsiona la condición familiar y la atmósfera del espacio, porque sólo existe el adentro, la casa, el encierro al que han sido destinados al no tener dinero, recursos, educación, oportunidades: al margen.

Similar es el estado de ausencia que se presenta en *Papá está en la Atlántida*, escrita por Javier Malpica, que aumenta junto con el desenlace de la obra en una serie de silencios que van tomando la totalidad de la pieza hasta el final. Esas ausencias y silencios generan una falta de identidad en toda la obra: los protagonistas no tienen un nombre (aparecen identificados como <: y >:), tampoco su padre quien ha partido, seguramente de ilegal, a los Estados Unidos a buscar un trabajo para poder mantener a sus hijos; y tampoco en el exterior que rodea a los dos niños protagonistas. Se habla de la abuela, del tío, de sus primos, pero nunca aparecen en escena; esta es una obra en donde las ausencias y los silencios intrigan y abren la fisura que genera la ausencia del padre.

Papá está en la Atlántida es el viaje de dos hermanos que tienen una transformación, a lo largo de la obra, pasando por diferentes geografías de México hasta la frontera con los Estados Unidos, pero cada parada de su viaje significa a su vez una pérdida, un desmembramiento familiar. Al final, son los niños quienes deciden abandonar la casa de sus tíos para llegar hasta la frontera e intentar pasarla, sin mucho éxito, pues la sensación que deja el texto es que por las condiciones climáticas (y también por la edad de los dos niños) poco a poco comenzarán a apagarse en el silencio del frío desierto. Los niños en su viaje, en su transformación, en cuanto cronotopo, de espacio-tiempo, devienen en un profundo silencio: en la ausencia del padre, porque a diferencia de la obra de Alanís, Malpica no muestra una distopía sino una búsqueda de lo utópico, los niños quieren alcanzar a su padre, en la Atlántida, como lee erróneamente el hermano menor tras esculcar las cartas que le enviaba su padre a la abuela, aquel lugar mítico cuyo papel en la obra es ese lugar otro o no-lugar donde podrán reencontrarse con su familia. Y en ese querer alterar el orden también se carnavaliza la figura de los niños: no es el padre quien busca a su hijo, no es Chema buscando a Pedro como en *Los que vuelven*, son dos menores de edad que, al avanzar su viaje, en búsqueda de su padre, van perdiendo no sólo la inocencia sino la humanidad misma, dejan de ser hijos a ser los nietos; dejan de ser estudiantes para convertirse en los "esclavos" del tío, a ser dos cuerpos inertes en el desierto. Es a través de la ausencia del padre que el hermano se vuelve *otro* padre, y es en su ausencia, que los niños crecen deviniendo adultos:

>   <: ¿Tú qué quieres ser de grande?
>   >: Si yo tuviera un carro como éste… ni el polvo veías.
>   <: A lo mejor es como saber nadar. Con que le pierdas el miedo. Me acuerdo que mi papá se puso bien contento cuando le enseñé que ya nadaba. O como andar en bicicleta. O como hacer quebrados. La otra vez agarré un cuaderno de Felipe y vi que todavía me acuerdo cómo sumar quebrados. A lo mejor un día sí podría inventar mi propio carro si todavía me acuerdo cómo sumar quebrados, que es bien difícil. (Malpica 41)

II

Teniendo en cuenta ciertas perspectivas de la *forma* en la que se contiene la imagen del padre en las tres obras, es pertinente contextualizar cada una de estas siguiendo la lectura de Esther González González quien da una genealogía de la migración México-Estados Unidos desde mediados del siglo XIX hasta la actualidad, revisando diversas características e implicaciones de dichas dinámicas. En lo que respecta a nuestro análisis vale aclarar que a cada *forma* le corresponde un momento específico.

En Chema, en *Los que vuelven*, coinciden las dos etapas propuestas por González González (la etapa inicial y la etapa de las deportaciones). Cada elemento sugerido por la autora puede leerse entre líneas en el carácter de cada uno de los personajes-trabajadores de los maizales gringos. Son inexpertos, han huido en busca de una mejor opción, de cualquier trabajo, a cualquier costo.

> Este factor dio origen a una corriente migratoria de naturaleza laboral y, en ese entonces, mayoritariamente de tipo temporal (...). La práctica de contratar a trabajadores mexicanos logró extenderse por todo el sudoeste de Estados Unidos, a pesar de la Ley Federal de 1885 que prohibía la contratación de obreros no calificados de otros países. Desde entonces existe la costumbre de contratar trabajadores mexicanos violando las leyes estadounidenses. (González González 26-27)

Y es que el día a día de Chema era recoger maíz y esperar que sus patrones no decidieran enviarlos de regreso a México. Eso pasa como apertura del conflicto en la obra cuando son despedidos porque deben asegurarles el trabajo a los gringos desempleados; sin embargo, es curioso que mientras los despiden y los mandan de regreso a su casa, queman con petróleo los maizales: su trabajo no vale, no son únicamente pisoteados por las pésimas condiciones laborales, sino que también denigran el trabajo hecho. Son las contradicciones del Gran Hermano: sin trabajo y sin comida, el despido y la quema del maizal representan y ratifican la pobreza y el hambre que tendrán que seguir viviendo los mexicanos al desplazarse de nuevo a su país (al igual que la frontera misma, que despoja a los cuerpos de su carácter político y social, disponiéndolos como materia para cierta violencia fundadora de derecho en la forma de vida del migrante, en la *posible forma* de vida del padre migrante). En un acto de rebeldía e impulsado por su esposa, Chema pide que no lo devuelvan a su casa sino que le permitan ir en búsqueda de sus hijos, un poco más al norte, y ese desplazamiento se enlaza con la segunda etapa migratoria México-Estados Unidos: Las deportaciones (1920-1940), incentivada por dos etapas significativas, la Gran Represión en 1929 y, eventualmente, la creación de la Patrulla Fronteriza: "Esta crisis no sólo provocó la reducción del ingreso de trabajadores mexicanos, que en ese ese momento fueron considerados una carga, sino que originó una importante oleada de deportaciones" (González González 30), que podemos ver identificados tanto en Chema, quien termina sus últimos días en la frontera, como en Pedro:

> CHEMA: (...) Apenas llegamos dejé a tu mamá, esperándote y me fui a buscarlo en las colas cercanas, que vimos desde el camión... Aquí enfrente, en la del Parque, en todos los sitios de hambrientos... He repasado todas las caras... ¡Con brincos en el corazón veía yo un rostro moreno! ¡Pero nada! No estaba allí... Mi grande esperanza era que lo encontraríamos contigo, y ahora resulta que...
>
> GUADALUPE: Alfred dice que... sí, eso... que posiblemente ya no esté en la ciudad... Anduvieron haciendo una redada de extranjeros, días pasados...
>
> REMEDIOS: ¿Una redada? ¿Quién? (...)
>
> GUADALUPE: Bueno, dije mal... No la policía, los agentes de migración... ¿Sabe, papá? Recogen a todos los extranjeros sin trabajo... para mandarlos a sus países...

CHEMA: (*Con tristeza*) Como a nosotros... (Bustillo Oro 47)

Es significativo el carácter de la obra, puesto que ubica a Chema y a su familia en dos momentos fundamentales de la relación migratoria México-Estados Unidos, como un pasado y presente, un pasado identificado en lo viejo, en lo caduco de México, en el padre, y en un presente, representado en Pedro, el hijo, deportado, desempleado, ilegal. Este personaje puede vincularse con el hijo migrante de la Madre en *De aquí, de este lado*, quien por al momento en el que la obra fue escrita se inscribe en la cuarta etapa que González sugiere, la de Los indocumentados (1965-1986), y es que justamente en ese tono es en el que se marca el *pathos* de la obra de Alanís, la ilegalidad, desde la forma más probable en la que el hijo ingresaría al vecino país a cumplir el sueño americano, hasta la manera en cómo la madre opera en su casa, haciéndole pasar hambre a sus hijos y en la continua espera del dinero que su hijo enviará. Esta acción determina así la potencia de la ausencia del padre a través de la radicalidad de su función. En esta línea podemos pensar la función del padre latinoamericano que (con)forma y diseña la *vida* al interior del hogar. Pensar en este tipo de padre puede llevarnos a identificar en el protagonista de *El castillo de la pureza* (1973) de Arturo Ripstein, uno "dedicado", "preocupado", "absolutamente pendiente" por la educación y crecimiento de sus hijos, sin embargo, en su *forma* cardinal, éste es un padre que (de)forma, desvía y altera la unidad familiar por el excesivo control. *Formas* usuales del padre en la que también se construyen, o no, las identidades de las familias latinoamericanas.

Esta etapa se caracteriza por transformarse en el dispositivo cardinal del flujo migratorio México-Estados Unidos, destacando la manera en cómo el vecino país fue quien volvió a la búsqueda de personal de trabajo barato y sin experticia. Ante esto, los Estados Unidos retomó el control a través del pago de cuotas para legalizar la migración.

La deportación de trabajos indocumentados y el otorgamiento de trabajadores indocumentados y el otorgamiento de más recursos a la Patrulla Fronteriza para contener el flujo ilegal en su frontera sur. Este periodo es un claro ejemplo de que cuando se han creado las condiciones para emigrar y se mantiene el imán económico, si no se ofrecen canales legales para los flujos, la migración continúa por la vía indocumentada. (González González 32)

Con *Papá está en la Atlántida* asistimos entonces a la última fase propuesta, la fase actual que, con la ley IRCA (Reforma y Control de la Inmigración) en 1986, se fundada en "un componente de legalización, el férreo reforzamiento del control fronterizo y mayores sanciones penales por delitos relacionados con la migración" (González González 32), terminó con un aumento del control fronterizo para reglamentar a los migrantes ilegales sancionando a quienes los contrataban directamente en los Estados Unidos. Esto desequilibró el orden e impulsó un mayor flujo de migrantes en búsqueda de diversas opciones de trabajo dado que las multas establecidas por el gobierno estadounidense eran lo suficientemente bajas. Esto conllevó a ver la posibilidad de migrar hacia los Estados Unidos definitivamente, así que muchos migrantes comenzaron a quedarse más tiempo del planeado, llevándose a sus familias, generando un aumento en las cifras de mexicanos estableciéndose en el país vecino. Durante el gobierno de Clinton se aprobó una nueva ley, la IIRIRA (Reforma de la Inmigración Ilegal y Responsabilidad del Inmigrante) con lo cual empezó una fase aún más restrictiva con nuevas medidas para el control fronterizo, un mayor acento en la criminalización de la inmigración ilegal y más requisitos y condiciones para la inmigración legal. La ley de 1996, considerada la más restrictiva de todas, combina simultáneamente mayores controles fronterizos con mayores sanciones a los residentes no autorizados (González González 34).

A esto habría que agregarle los ataques terroristas del 11 de septiembre en 2001, otra fecha que marca un cambio en las relaciones entre Estados Unidos y el *otro*, que terminaría unas relaciones más complejas también con la población mexicana, hasta la supuesta construcción del muro de Trump, uno de los temas más sonados durante su campaña electoral en 2016. Sin embargo, revisar la historia fronteriza entre México y Estados Unidos es revisar todos los desmanes que se han tenido por parte de dicha potencia, el recrudecimiento de la violencia en la frontera en donde miles de personas, con el paso del tiempo, han perdido la vida. Es en esa búsqueda de la Atlántida, como la de El Dorado, en donde los migrantes perecen y dejan atrás tanto a sus familias, como sus raíces, sus huesos y su sangre (como insistía siempre Remedios a Chema).

<: Ya estuve investigando y está en un sitio maravilloso. Es un lugar que todos creen que se hundió pero no es cierto. Es un lugar maravilloso. Y él nos va a llevar ahí.

>: Estás loco. Será mejor que te vayas a la casa antes que el sol te derrita el cerebro.

<: Mi papá está en la Atlántida.

>: ¿Dónde dices?

<: En la Atlántida. Y estoy seguro que no sabes qué es eso. Le pregunté a mi profesora y me dijo que era un lugar maravilloso donde toda la gente era feliz.

>: La Atlántida es un lugar que nunca existió. Eso todos lo saben.

<: Claro que existe. Inventaron que se había hundido para que no se llenara de gente.

>: La Atlántida es como Nunca Jamás.
Es un lugar de fantasía. (Malpica 23)

La Atlántida no es más que la ilusión, la distorsión de la realidad: es en esa frontera por la que cruza el padre de los niños protagonistas y es en esa misma frontera donde esos hijos empiezan a desvanecer en silencio mientras las luces se apagan, y es la realidad de tantos migrantes que hoy en día se atreven a dejar todo atrás y ponen en peligro su vida y la de sus familias, a la espera de oportunidades por una utopía, que no es más que el lugar común de una vida mejor. El viaje del migrante es conocer esa Atlántida, como una fantasía irreversible, como un niño conociendo ese Nunca Jamás.

III

Hay una *forma* de aquellos padres que hace parte de un todo: cuando entran en contacto forman una línea fronteriza que los divide de un allá y de un acá, de civilización y la barbarie, y es una lectura interesante vincular esos desplazamientos; esas migraciones son la brecha social que se ha abierto para pensar la cultura y la ciudadanía desde esta distinción. Porque no sólo hace referencia a quién este *acá* y quién está *allá*, el bárbaro que va, el ilegal que entra en el mundo de lo legal, pero ¿quién es el ilegal, quien hace las leyes o quien las cumple? "Los trabajadores indocumentados no son ilegales en el sentido de no obedecer las leyes. Los trabajadores indocumentados en general obedecen las leyes aún más que los ciudadanos porque saben que el castigo que llevarán al no conformarse a la ley será la deportación" (Rosaldo 7).

Pero es a través de los autores donde también se lee el México bárbaro, retrógrado, salvaje, del cual todos quieren huir; de ese país-hambre, de ese país-pobreza, de ese país-violencia que espanta y dispersa a sus ciudadanos. Y es a los Estados Unidos a donde van, a donde se dirigen sacrificando sus vidas, sus familias, como una ilusión, el allá significa el poder, la superación:

MADRE: (…) si ustedes siempre han sido una bola de miedosos.

VECINA: Oiga, no, que mis hijos son muy entrones.

MADRE: Pero muy conformistas.

VECINA: ¿Qué quiere decir eso?

MADRE: Que no quieren mejorar.

VECINA: ¡Ah, no!, de mejorar, sí. Pero aquí, yo no los mando a otra parte. ¿Mis hijos extranjeros? Jamás, aquí nacieron, aquí viven y aquí morirán.

MADRE: Qué poca ambiciosa es usté.

VECINA: No es eso. Sí quiero que mejoren, pero si nacieron aquí, están obligados a trabajar aquí, para mejorar lo que es nuestro. ¿No cree? (Alanís 57)

Es el país de los güeros y no de los oscuros, en donde hablan el inglés y no el español, en donde se ganan "verdes" y no ese peso devaluado con los años; es el país de las multinacionales que simbolizan la oportunidad, la posibilidad de emprender, pero el cruzar la frontera al final resulta lo más difícil por la discriminación y desigualdad. "Si se habla de la multiculturalidad y no se abarca el concepto de la desigualdad se deslinda hacia el concepto que se da en Disneylandia, la multiculturalidad de distintos sabores donde se supone que todos somos iguales y que cada quien puede escoger el sabor que prefiere" (Rosaldo 6). ¿No es entonces el migrante un hijo abandonado por su propio Estado? ¿Son la falta de oportunidades y de derechos por los que los ciudadanos deciden probar una nueva vida, en otro lugar, cueste lo que cueste?

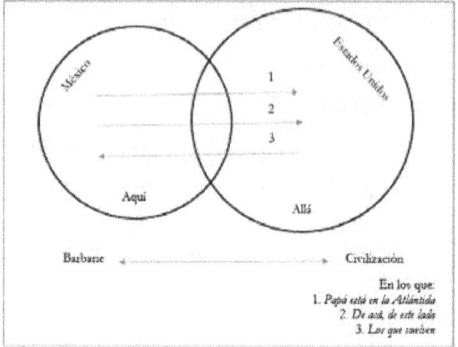

Existe entonces más de una frontera que separa y distingue quién tiene y quién no los derechos, pero se ha formado a su vez una bordura que delimita *otra* frontera, interna, donde se encuentran todos aquellos quienes han perdido el acceso al trabajo y a una situación económica mejor:

> Empero, aquellos de nosotros que teorizamos acerca de la frontera (…) debemos reconocer que nuestra frontera [*border*] fue, simultáneamente una *bordura*: el borde que rodea un *escudo*. Lamentablemente, los escudos contra el capitalismo y otros agentes de la opresión no son comunes entre los sujetos menos privilegiados de la frontera, como los obreros de las fábricas y otros hombres y mujeres de las clases trabajadoras que habitan en la región limítrofe entre Estados Unidos. (Lugo y Limón en Lugo 83)

Y es por esa bordura por donde se proyectan los padres en *Los que vuelven*, *De acá, de este lado* y *Papá está en la Atlántida*, y esa es la *forma* que adoptan, no como un doble, ni como un reflejo, sino como una marca, la ausencia del Estado: estos padres son ausencias y silencios, en tanto son las ausencias y los silencios del Estado; su *forma* es fantasmagórica dentro de una totalidad, porque no estamos hablando más aquí de la familia tradicional, no estamos hablando de cualquier padre:

> desde una óptica se puede pensar en la familia burguesa nuclear como una entidad social homogénea. Desde la perspectiva de las fronteras, en cambio, sobresale una serie de diferencias de género, diferencias de generación, diferencias de edad entre los hermanos, diferencias de quien tiene acceso sexual legítimo al otro. La familia empírica es la misma, pero la perspectiva analítica cambia. La solidaridad familiar, tal como es o no es, abarca igualmente las semejanzas y las diferencias. (Rosaldo 6)

IV

Si la heterotopía es el "desorden en que los fragmentos de un gran número de órdenes posibles brillan separadamente en la dimensión, sin ley o geometría, del heteróclito... en un estado de esas características, las cosas están colocadas y dispuestas en sitios tan diferentes uno del otro que resulta imposible encontrar un lugar de residencia para ellas" (Foucault en Lugo 63), esa es también la *forma* que sostiene al padre por los diversos elementos que los contiene. Si la heterotopía es el no-lugar, el contraespacio, el padre es la no-persona, la contrapersona: la yuxtaposición, ya no de espacios incompatibles, sino de desigualdades, de pocas oportunidades laborales, de razas (y etnias), de pobreza. Los padres tienen esa misma *forma* en cuanto su condición social pues al cruzar la frontera, en búsqueda de otro lugar, en tanto ilusión, construyen *otra* realidad invertida, caótica, dispersa (Foucault 2008) que está ya condicionada por su propia existencia.

La *forma* del padre no es más que una metáfora de esa frontera, de esa condición de aquí en tanto allá, en tanto despliegue de dos realidades, de dos tiempos. La pérdida y la fisura de una condición, de un derecho. La yuxtaposición de dos mismos Estados que en su encuentro anulan los derechos de sus ciudadanos. He ahí entonces la frontera no como el encuentro intelectual, de vida, sino la frontera como cementerio, como heterotopía en cuento se anula el tiempo y se acumulan al infinito en tanto vidas y cuerpos que importan (Foucault 2008).

Releer el teatro como una heterotopía en tanto yuxtaposición y carnavalización de la realidad funciona como herramienta para entender el presente y las diversas situaciones familiares, económicas y políticas en México, revisadas en este ensayo. Esos son los espacios por los que caminaron los personajes de las historias y se fundieron en otras realidades a causa del abandono de otro padre, el Estado y las insuficientes condiciones de trabajo y de vida. Y es el momento en el que el epígrafe de Morábito cumple como apertura de estos argumentos: el padre es quien da la espalda, y se repliega sobre el hijo. Hay una *forma* en el que padre y Estado coinciden, puesto que es en la manera en cómo nos limitan no sólo la vista sino nuestro propio existir. Esa forma es la misma en que los padres limitaron a sus hijos en las obras analizadas, pero también por la condicional inicial y primordial en que cada padre inició su viaje.

Y es en el teatro en donde se da la dinámica de pulsión, de repetición, en un tiempo mítico, de revisitar el pasado para cambiar el futuro, para poner en tela de juicio las contradicciones del presente y ponerlas en conversación con los testigos, los testimonios, con todos los muertos que vuelven como fantasmas y abren la posibilidad de evidenciar una crisis, una fractura. Es un lugar donde entran en juego las contradicciones de la realidad, sumergidas en la ficción y en el nuevo espacio, yuxtapuesto por vidas, voces, tiempos, creencias, lugares, silencios: formas que se contienen y se pliegan, y se apagan al final, con una luz tenue, como un padre en la frontera, como una familia ausente y abandonada.

Bibliografía:

Alanís, Guillermo. "De aquí, de este lado". *Tres de la frontera tres. Primer concurso de obras de teatro de la frontera norte.* SEP, 1986.

Bustillo Oro, Juan. *Tres dramas mexicanos: Los que vuelven, Masas, Justicia,* S.A. Cenit, 1933.

Foucault, Michel. "Topologías". *Fractal*, n° 48, enero-marzo, 2008, año XII, volumen XIII, 39-62.

González González, Esther. "Características e implicaciones de la migración mexicana hacia Estados Unidos". *México, país de migración.* Ed. Luis Herrera-Lasso. Siglo XXI, 2009.

Lugo, Alejandro. "Reflexiones sobre la teoría de la frontera, la cultura y la nación". *Teoría de la frontera. Los límites de la política cultural.* Ed. Scott Michaelsen y David E. Johnson. Gedisa, 2003.

Malpica, Javier. *Papá está en la Atlántida.* UANL, 2006.

Rosaldo, Renato. "La pertenencia no es un lujo: Procesos de ciudadanía cultural de una sociedad multicultural". *Desacatos*, n° 3, 2000.

Fronteras objetuales/migraciones personales. Una *cubeta de cangrejos*, una cultura animalizada, una liminalidad teatral

Carlos Gámez

> *Y es que la memoria de las cosas reposa en las palabras: la memoria es puro relato del testigo, del transmisor, del que cuenta, del que vio, del que vivió, del que va a morir, del que recibió ese legado y lo vuelve a pronunciar. Las palabras guardan las imágenes, lo que se retiró del mundo visible, ellas permiten las nupcias de la memoria con la vida.*
> Nicolás Casullo

El discurso del teatro contemporáneo está plagado de referencias a espacios de diálogos. Las fuentes de inspiración se mueven entre los autores como peces en el mar -o mejor- en una pecera, coartados por una frontera invisible, transparente, que los enmarca en una generación, en una geografía, en una contextualidad, que respiramos en cada palabra del texto. Así, formamos parte de una tribu invisible, que se rige por el dictado chamánico de un espíritu omnisciente, verificado en la marca de nacimiento, tatuada en la frente cual código de barras.

Hay una serie de lugares simbólicos visitados por los dramaturgos que comparten el ADN con múltiples espacios de representación. Es por lo mismo que resulta imposible colocar una guía desde la que acercarse al producto artístico; no hay, en los tiempos que corren, un acertado código de lectura para la pieza de arte, y menos, de teatro. Por lo mismo, y desde las fronteras del diseño investigativo, proponemos como hilo de Ariadna para el presente ensayo la pregunta: ¿puede la objetualidad de los elementos en la escena construir una frontera simbólica, evocadora de la geografía y las historias de vida?

Se persigue como objetivo principal analizar el discurso de la frontera en la pieza *La cubeta de los cangrejos*; y como especificidades: construir un paralelismo entre la objetualidad de los elementos en la escena y el concepto de frontera, caracterizar el abordaje al tópico de la migración desde las historias de los personajes implicados en el texto, y presentar los acercamientos animalizados en el mismo, a modo de metáfora de una creencia cultural que se filtra en el espacio teatral.

On the road. *Acercamientos a la frontera*

El tópico de la migración en el teatro mexicano ha estado presente a lo largo de su historia como territorio geopolítico. Si bien no podemos identificar una producción que se remonte a las primeras manifestaciones literarias, lo cierto es que, de una manera u otra, puede encontrarse dicha postura que cuestiona, o analiza, los desplazamientos de personas como fenómeno multidimensional. La naturaleza humana proviene de un nomadismo que se ha asentado como parte de nuestra performance habitual; de tal modo, los obstáculos para llevar a cabo la normalización de estas prácticas se conciben como parte de una lucha más que epistemológica, de activismo.

Los textos que hacen alusión a una fractura geográfica que divide, disecciona, dos o varios espacios, tienden a perseguir un mismo proceso de ilustración. En la producción de la dramaturgia mexicana que refleja la problemática de la frontera norte México-Estados Unidos, hay una serie de lugares que pueden identificarse con la construcción de un imaginario de la frontera, y desde ahí, proponer su conceptualización. Porque no podemos pretender acudir a un lugar de enunciación desde códigos prestados por otras artes o contextualidades.

El discurso de la frontera en el tópico de la migración puede ser identificado a partir de los personajes implicados en el texto y sus características, hay una relación estrecha entre la cultura mexicana y los estamentos sociopolíticos propuestos en la enunciación artística, de modo que los personajes se convierten en representación de una tipología societal, más que en una singularidad; el espacio geográfico donde se desarrolla el drama, amén de que las piezas más contemporáneas se alejen de cierta nitidez en el referente regional, los textos pueden ser ubicados en los alrededores de la zona fronteriza, en su recorrido, o en territorio norteamericano, no debemos comprender la identificación del espacio únicamente por una didascalia certera, sino que una referencia cultural, lingüística, tradicional, pueden de igual manera, crear el vínculo para el lector/espectador; las influencias de Juan Rulfo en la escritura, los personajes, o el tamiz de la materialidad de los mismos; y la nostalgia que se filtra en la enunciación de los parlamentos cual sino trágico -las ideas son inspiradas en función de crear una clasificación posible en la escritura sobre el tema de la frontera, extraídas del ensayo de Iani Moreno, "El exilio fronterizo"-.

Del repertorio de textos que hace alusión a la migración muchos coinciden en posturas autorales que beben de la historiografía del fenómeno y de cómo este ha ido evolucionando. En función de tales estrategias es que podemos entender las coincidencias como resultado de una actualización bibliográfica y vivencial. Los espacios simbólicos que comparten los dramaturgos llegan desde las propias experiencias que muchos han experimentado en su trabajo de campo. Con una intensión antropológica, los mecanismos del arte se alejan hoy de la contemplación para convertirse en voz de quienes no pueden posicionarse en los sitios de poder. El teatro, centrado en la frontera como lugar de investigación, se alimenta de las propias historias que se perciben allí, o le son contadas, dándole con esta pátina real, una legitimación al texto.

De tal modo, la frontera es asumida por varios ángulos visuales, con las particularidades de cada escritor y los intereses que persigue en su obra. El punto de partida sería la definición que una plataforma básica como *Wikipedia* aporta a quienes se lo preguntan: "la frontera es la zona territorial de tránsito social entre dos culturas, o en sentido general y amplio, es el límite o línea de una parcela o un predio. Restringido al ámbito político, este término se refiere a una región o franja, mientras que el término límite está ligado a una concepción política y administrativa" ("Frontera").

Adentrándonos más en los temas artísticos, la frontera que divide los países de México y Estados Unidos puede entenderse como un espacio simbólico que muta de acuerdo con las dimensiones de sus enunciantes. En función de cuáles sean los contextos que emergen de los cuestionamientos de quienes se interesan por tratar esos tópicos, podrán discurrir, desde la reunificación familiar, la crisis económica, la tradición fracturada, la cultura chicana, la violencia normalizada, las razones que potencian la migración hoy con las reacciones de los presidentes de EE.UU. hacia la comunidad latina, etc.

El teatro adquiere desde su parecer contemporáneo una potencia que se multiplica al estar en diálogo con una realidad viva. De ahí que nos movilice el ángulo activista de tópicos como el analizado. Si bien es cierto que no hay una sugestión exprofeso por la toma de partido en contra de las consecuencias de la migración, como una problemática con úlceras por sanar, también es real el cúmulo de artistas que la incorporan a su diapasón temático, tras el consuelo de un cambio al dialogar con los espectadores.

La sensibilización de las sociedades es una más de las aspiraciones del teatro en la época actual. María Socorro Tabuenca Córdoba, en su texto "Una conversación imaginada sobre las literaturas de las fronteras a más de 20 años" (2018), hace un desmontaje de cuáles son las características de esta tipología de producción literaria y cuáles son los vientos que a la luz de nuestros días mueven las velas de sus barcos.

Del texto recuperamos ciertas notas con relación a los "escritores fronterizos". Según la autora, a manera de caracterización, poseen un contenido ideológico incorporado a su producción, una relación inevitable con el tema del narcotráfico; la mirada de la frontera como zona en constante desarrollo, pasajera y cambiante, imposible de encasillar debido a la lectura del norte como "una región dispersa, heterogénea, de bordes liminares móviles y que se mantiene en perpetuo tránsito: no una, sino múltiples tierras de nadie" (1189).[2]

A razón de tales opiniones cabe mencionar que los límites de *Wikipedia* se quedan cortos ante las demandas de un fenómeno como el abordado. Las diferentes geografías son las encargadas de posicionar los remanentes que modifican cada una de las de particularidades de sus textos. Por lo tanto, asumiremos la frontera en el presente ensayo apegados a las visiones de Tabuenca Córdoba, en función de una conceptualización que nace del propio seno de las producciones investigadas.

La frontera, como *no men´s land*, es el resquicio donde posicionar uno de los principales asuntos a discutir en la arena internacional política, de ahí que la inspiración de los dramaturgos sea consecuencia de las legislaciones gubernamentales. En primera instancia, debemos reconocer cómo hay en las noticias un filtro importante para quienes nos dedicamos a la investigación, e incluso, para aquellos interesados en los designios de una temporalidad como marco para su producción.

La marca de agua que portamos en la frente es parte del funcionamiento de las ciudades simbólicas. El texto respira en su interior como arroyo que nace de la montaña vivencial de cada uno. Muchos de los "escritores fronterizos" han sido parte del espacio geopolítico de frontera. Por lo mismo, sus obras se deben a una militancia que

---

[2] En los textos sobre la frontera no hay un pase de lista de estas características, sino una incorporación de acuerdo con las poéticas de los creadores. Por lo mismo, la autora pone sobre la mesa una serie de cuestionamientos que hacen alusiones a los tipos de "escritores fronterizos" y cómo su posición en el poder, en un lugar geográfico, o experiencia de vida, modifica la producción.

borda los detalles en la túnica que portarán los actores al interpretar sus personajes.

En el discurrir del ensayo tomaremos los conceptos de frontera, objetualidad y liminalidad para dar cuerpo al análisis de *La cubeta de los cangrejos* (2010), de Juan Carlos Embriz. En este marco académico veremos una frontera diferente, parte de esa tierra de nadie poblada por fantasmas, como lo anunciaba Moreno en la influencia rulfiana que identificaba en las piezas de teatro, y a la vez, terreno de muchos, corporeizado en el ritual de iniciación del *american way of life*. La frontera que ilustra la pieza está en el imaginario de los personajes que protagonizan el texto, y a su vez en el de los actores del primer montaje en Toluca.

> Se trabajó en el montaje a partir de ideas base, y de ahí se fue modificando la textualidad. Al final de cuentas lo que tenemos en el libreto es la referencia a la parte documental, y la construcción de los personajes a partir de las actoralidades. Muchos de los actores del primer montaje tuvieron que dar mucho de sí para esta construcción y reflejo que luego estaría en el personaje. Entonces, yo debería citar que hay un trabajo dramatúrgico de ellos reapropiado en mi escritura. Y en ese sentido la *poiesis* escénica es con base a sus propuestas y la modificación que realicé como director de escena y dramaturgo.[3]

El autor dramático narra en esta cita cómo fue el proceso de escritura de la obra. Al exponer estos detalles proponemos una frontera invisible, ilustrada en un texto dramático por la memoria de sus

---

[3] Extraído de la entrevista realizada a Juan Carlos Embriz. Anexo.

inspiradores. Como parte del espacio frontera tendremos la construcción simbólica que la pecera nos permite: una línea divisoria que marca los terrenos de uno y otro país, a saber, México y EE. UU., la franja que modifica la vida de quien la cruza, el portal que bifurca la existencia del individuo.

Liminalidad y espacio textual-escénico

Los conceptos que hacen posible la delimitación del presente ensayo parten de un interés personal por componer una lectura alternativa al texto dramático. En función de tales presupuestos acudimos a una caja de herramientas que deconstruye el espacio textual y escénico, para adquirir una corporalidad que se nos dibuja inasible. Partiendo del cúmulo de teoría que desborda la escena cual tsunami, nos ceñimos al proceso de enunciación que comparte el *spotlight* con los actores, su performance, y las especialidades que componen la teatralidad.

En los acercamientos a la frontera estará presente una mirada multidisciplinar de la escena, es de tal manera que no sólo tratamos el espacio como *locus* enunciativo, sino lugar geográfico extendido. En el texto de Tabuenca ella define la frontera a partir de una cita de Walter Mignolo "[…] border as a threshold and liminality, as two sides connected by a bridge, as a geographical and epistemological location" (1176). En el acercamiento a la obra entendemos la creación de una dimensión simbólica que propone con su ilustración un vínculo entre los actores y el espectador. En la escena encontraremos el dibujo de una locación, la frontera, y ella cobra cuerpo en la experiencia contada, así como en la objetualidad que se propone con los elementos teatrales. La "locación epistemológica" referida por Mignolo es un remanente que se porta en la pieza a manera de expresión personal. Cuando el autor/director confiesa los códigos de escritura y la relación de los actores con el producto final, filtra una lectura sin límites en la puesta, desata la convención privado-público, y atraviesa la frontera hacia una liminalidad que signa *La cubeta…* en su totalidad.

La puesta aborda un estado de impermanencia en diálogo con los procesos de migración. Las estrategias de escritura se afectan por el traslado de los individuos hacia otras territorialidades. Por lo mismo, el concepto de liminalidad, exportado de las concepciones de Ileana Diéguez, manifiesta una cercanía con la imagen de la puesta en escena y los intereses que perseguía su propio director.

En el texto *Escenarios liminales. Teatralidades, performatividades, políticas*, la autora se refiere a lo liminal de la siguiente manera: "lo liminal importa como condición o situación en la que se vive y se produce el arte, y no específicamente como estrategias artísticas de cruces y transversalidades. Desde su concepción teórica, la liminalidad es una especie de brecha producida en las crisis" (38).

La afección de la imagen que implica la inasibilidad en los personajes, mas no en la frontera, crea una apuesta por los resquicios de la recepción. El espectador debe ser capaz de discernir entre lo fantasmático y lo real, de manera que las influencias referidas por Iani Moreno en su texto se vuelven cada vez más urgentes, hasta tomar el cuerpo del aura textual y convertirla en liminalidad objetual. La historia contada sobre el paso de unos migrantes advierte el tránsito hacia la cita de lugares rescatadas de la memoria colectiva.

La cercanía con las experiencias reales que suceden en el espacio de la frontera concibe el primer pacto liminal: realidad-ficción, documento/historia de vida/representación. Las migraciones de los personajes se mixturan con el espacio simbólico de la escena y conciben esa unión producto de la crisis mencionada por Diéguez. Al partir de unas historias posibles, el puente que se crea en la experiencia vivencial es tan real como las propias narraciones que dieron cuerpo al texto dramático. Las problemáticas de la inexistente política gubernamental entre los gobiernos es la expresión factual del concepto liminal, y otra vez, las fronteras adquieren su cuerpo del sentir en el imaginario colectivo, de la crisis experimentada por los mexicanos.

El marco de la liminalidad está coartado por un sentir popular, por los puntos de inflexión de una historia que se recicla en la medida en que no evoluciona, y las crisis se repiten, y la migración aumenta, sin aprehender las consecuencias más allá de la pantalla del celular. Los códigos simbólicos de esta generación, producto del siglo XXI viven la atmósfera de la pecera como lugar destinado. La pecera no es para todos, una frontera invisible, sino el calco de una realidad que puede permitirse la transgresión desde los ficcional. En esa esperanza de alcanzar los anhelos de un bombardeo informativo, la frontera se desdibuja, muta, se invisibiliza, y adquiere los cuerpos en otras dimensiones.

En el texto de Juan Carlos Embriz se puede ver una concepción del espacio bastante ortodoxa, porque el *twist* no está en el escenario convencional, sino en una dimensión simbólica que se concibe en la lectura de las acciones, en los diálogos y los manierismos de los que beben los elementos objetuales que cargan los personajes. Al pensar en estos resquicios metafóricos se puede iluminar el proceso de lectura de las acciones y su coreografía, desde un vínculo afectivo que presenta los personajes en una dimensión diferente. Cuando la historia de la puesta en escena se desenreda ante el público, la noción del tópico de la migración cobra otra espacialidad inclinada hacia la objetualidad como terreno de la metáfora. En los accesorios que utilizan los personajes podemos leer otra dimensión de la frontera.

La condición de una objetualidad fronteriza es el tránsito de la memoria de las cosas, referido por Nicolás Casullo (2007) en su texto homónimo, a la recepción como acto de intercambio, de reflexión. Al contraponer en los extremos vivencialidad y ficción, el tamiz de la convención teatral filtra una lámina que modifica los objetos como lugar textual. De igual manera, los objetos, cargados de una existencia que evoca similares figuraciones en el público ocupa la liminalidad personaje-espectador, al construir una *liason* reflexiva, la memoria del personaje es a su vez la memoria del público.

La liminalidad del objeto construye una frontera inexistente, como las paredes de la pecera, pero perfectamente discernible por quienes se encuentran identificados con la narración. No es necesario haber recorrido el camino de ida y vuelta a EE.UU. para entender las acciones que ocurren en el texto. A partir de los símbolos: ángeles, escaleras, maletas, pistolas, ocurre una mística que permite hablar de lo liminal en función de una correspondencia: actor-texto-público-memoria colectiva. La dimensión que conceptualiza Ileana Diéguez puede ampliarse a territorios más allá de lo político, en franco diálogo con el designio de lo inapresable, el puente que se tiende, en la "locación epistemológica" no escapa al diseño de una territorialidad fronteriza objetual.

Las fronteras que se crean por las reminiscencias del constructo simbólico de los objetos, tienen la capacidad de existir en una doble dirección: del objeto a la memoria de sí mismo, en el imaginario público; y del objeto a la dimensión geográfica que le pertenece. En estas cuerdas frágiles se pueden recuperar los espacios que el texto creó a partir de sus historias. Los espacios ocupados por el devenir de los personajes tienen una vida que comienza una vez que el público sale del espacio escénico; cuando los recuerdos se mezclan con la ficción, y la cubeta se llena con las anécdotas del vecino, del sobrino, de una Amelia o una colombiana de paso por el pueblo.

Personajes, historias animalizadas, tradiciones predictivas

La pieza teatral es un ejemplo que demuestra las posibilidades de narración del tópico de la migración, aludiendo a la frontera como un espacio de tránsito, o de permanencia eterna, al decir de muchos de los personajes que en el texto pululan por el territorio como barco sin brújula, como animales sin manada, como cangrejos sin colonia. La metáfora de la animalización de la cultura y los cuentos tradicionales descansa en un saber popular que refleja la autorrepresentación de los mexicanos por mucho tiempo, y la pregunta que se impone es: ¿puede una fábula animal, llegar a convertirse en un mantra en pleno siglo XXI?

Cuando se le preguntaba al autor por el uso de la historia como parte del texto, y las relaciones que aún mantiene con las personas de esta temporalidad, quienes parecen renegar de ciertos espacios de la cultura oral, popular, planteó lo siguiente:

La fábula fue usada porque cuando nos topamos con la historia popular, sentimos que a los mexicanos nos retrata muy bien: un hoyo, o cubil, en donde todos estamos apretujados, y no podemos salir, y en lugar de apoyarnos, nos perjudicamos en pronosticar el fracaso de los otros. Me sigue pareciendo muy atractiva y refleja, parcial, o generalmente, la conducta de lo que somos como sociedad.[4]

Si tenemos en cuenta que existen una gran variedad de generaciones dialogando con el texto, que en la pieza hay algunos individuos jóvenes que, además, según explicamos adelante, gran parte de ellos colaboraron con sus historias a las caracterizaciones de los papeles que luego interpretarían, existe una considerable probabilidad de que ciertamente, como asegura su autor, la fábula no sólo retrata a los mexicanos, sino hay personas que aun la aplican como sedimento cultural.

Los personajes de la puesta podrían, entonces, ser interpretados como una tipología de las descritas por el ensayo de Iani Moreno donde enuncia algunas de las características de la escritura con tema fronterizo. Juan Carlos Embriz utiliza esta horma para ubicar el proceso de emigración como una letanía que se continúa, como un mantra que es repetido por los miembros de una cultura que necesariamente desconoce los riesgos de una evocación, que no por repetida merece tenerse como deber.

A partir de la caracterización de los personajes, el dramaturgo persigue la intensión de condicionar la tesis en el espectador para que pueda contrastar aquellas historias reales que le han sido confesadas y la investigación documental que se realizara para dar cuerpo a *La cubeta*... Si bien es cierto que para el primer montaje de la puesta no

---

[4] Véase la entrevista a Juan Carlos Embriz en el presente volumen.

hubo la rigurosidad de Teatro Documental, las aportaciones de los actores en la construcción de los personajes que luego interpretarían, argumenta cierta veracidad al comprender la fábula más allá de una historia con intención moralizante.

Si quisiéramos revisar algunos personajes y descubrir las facetas que los caracterizan como parte de una problemática ilustrada, hay que pensar en la primera escena y algunos de los diálogos que sostienen los personajes de Jimy y Elvia.

> JIMY: Usted no puede hacer nada sola. Usted se hace la fuerte, pero tiene miedo de todo. Apenas le ha dado dos golpecitos la vida y ya está chillando. Pinches viejas resentidas de todo, hasta a su padre tienen que sacar como culpable. A alguien tienen que joder. Siempre muy chingonas, las que pueden solas, las que llevan los pantalones. Sí, pero no se saben partir la madre. *(Le destroza las agujetas con la navaja.)* A ver, amárrese las agujetas si puede. (33)

El diálogo entre los personajes permite la recreación de una escena donde existe la exposición de los elementos sobre las características de los mexicanos. El primer parlamento de Jimy a Elvia no está enjuiciando sólo a su "pareja" de viaje, sino a todo el género. Y es que persigue retratar un joven que carga con el peso de una historia desconocida, con mucho resentimiento, que explota al ser cuestionado por Elvia, cuando él intenta ayudarla.

> JIMY: Ellos están por todas partes, son cientos, miles.
> ELVIA: ¡Ya no aguanto!
> JIMY: La voy a dejar.

ELVIA: No se vaya, no soporto estar sola.
JIMY: Ellos la van a ver.
ELVIA: No me sé el camino.
JIMY: Ya vendrán por usted.
ELVIA: ¡Este dolor me va a reventar!
JIMY: Siempre están sentados, igual que usted, al lado de las veredas. (37)

En el segundo fragmento, se vuelve más evidente la mirada escrutadora hacia la sociedad como espacio en constante lucha interna, tal y como ilustra la fábula que le da título a la obra. Cuando los personajes se refieren a que "están por todas partes" es una referencia a los muertos que han quedado a mitad del camino en la frontera. Sin embargo, es una escena que puede ser mirada en otro sentido, y más que abordar las inclinaciones hacia lo esperado, hay una ambigüedad en la enunciación que abre la oportunidad para pensar en quienes están "al lado de las veredas" como los cangrejos preocupados por el avance de sus colegas.

Cuando Jimy se ofrece para ayudar a Elvia, ésta le cuestiona su actitud y sus preguntas, a raíz del primero de los fragmentos citados. Cuando Jimy se ofende y le dice a Elvia que "aparentemente" se puede valer por sí misma, pero que no es más que una pose, se refiere al género femenino, y ciertamente, Elvia no puede avanzar, porque está cansada, porque está embarazada, porque se ha rendido ante el desgaste físico, mas no se deja aconsejar por Jimy que tiene más conocimiento y, en lugar de seguirlo, intenta frenarlo, pues, como bien confesaba Juan Carlos en su entrevista, la fábula retrata a la sociedad. Elvia es a todas luces uno de los cangrejos en el cubil que no puede escapar, pero tampoco permite que ninguno de sus compañeros lo logre. Ella no tiene las fuerzas para continuar, pero tampoco acepta consejos, ni quiere que la abandone.

Las almas que están al lado de la vereda no protegen a quienes se embarcan en su mismo recorrido, por el contrario, se quedan a mirar, a vigilar cual es el destino del nuevo migrante, como aves de rapiña, merodean el cadáver, esperando el momento oportuno para saltar sobre la presa, en este caso, reclutarlo para que vague junto con ellas.

La primera escena de la puesta propone el sino que corren muchos de los personajes, la tónica desde la que son abordados, el paralelismo con el universo animalizado y su trascendencia cual extracto cultural. En la comparación ánimas/cangrejos, Elvia/almeja existe la pátina de una intensión predictiva. Las acciones de los animales, cual metáfora del comportamiento humano, se presenta como el guiño hacia los finales posibles de los personajes, y las conjeturas entre los migrantes durante el recorrido.

En la escena comienza a dibujarse la primera de las tantas fronteras objetuales que marcan la migración como espacio simbólico que se filtra a partir del texto y las pertenencias de los personajes como extensión de su cultura, de su historia, de su memoria. Antes del diálogo citado Jimy asiste a Elvia porque le molestan los calcetines, y ella le dice: "Aviéntelos por ahí. Que se queden tirados como pellejos. Malditos calcetines. Así se quedará todo mi cuerpo, como un pellejo viejo y escamoso, para mañana amanecer nueva del otro lado, con otra cara, sin que nadie me conozca" (31).

La frontera que confiesa Elvia querer cruzar, está expuesta en el recuerdo de quien es hoy, y los calcetines, como símil de su piel, son el objeto que se lo recuerdan. Hasta que no haya mudado toda su indumentaria no estará conforme, no habrá alcanzado la primera de las tantas aspiraciones que motivan su trasiego por un camino que no conoce, embarazada, tras el recuerdo de su padre, y la encomienda de su madre. En el paso de la frontera por estos personajes hay una caracterización que se mueve en varias direcciones: el olvido como atenuante del estado emocional, económico; y el pago de promesas que permitirán la evolución natural una vez alcanzado el otro lado.

La caracterización complejiza el personaje tratando de proponer una cercanía con la realidad, pues, aunque se valga de la fábula animal para discursar sobre un comportamiento humano, societal, el punto de partida nace de una inspiración real. La predicción que podemos establecer, como parte de las estrategias dramatúrgicas del autor, se concreta en el paralelismo de la fábula que matiza la narración como un cosmos por descubrir, aunque desde el comienzo percibamos el olor a cadáver, y el vuelo del gavilán, o los pasos del coyote.

En la misma línea de los personajes hay que mencionar cómo podemos encontrar una superposición de algunos para demostrar la cercanía entre ambos, a manera de reproducción con algunos tintes que los diferencia, pero siguiendo similares actitudes. En el caso de Elvia y la Colombiana ocurre este detalle que revela una mirada a tener en cuenta en la evolución de la historia, así, las mujeres presentes comparten el género como una culpa, y al encontrarse en el camino se apoyan, cual camaradería de combate.

En el caso de estas chicas se demuestra en la escena VII:

>COLOMBIANA: ¿A dónde va?
>
>ELVIA: Quiero llegar a Nueva York.
>
>COLOMBIANA: Yo quería platicar con alguien.
>
>ELVIA: Cuando supo que me dirigía a Estados Unidos se hizo mi amiga, una amiga por un momento. Aquí empezaba la historia de la Colombiana y... ¿mi historia también?
>
>POLLERO: (*Entrando*) Cada uno de ustedes que ve esta representación tiene un familiar en los Estados Unidos. Si no es el caso, tal vez...
>
>TODOS: Uno de ustedes en poco tiempo será el próximo migrante. (89)

Las historias de la Colombiana y Elvia se superponen más allá de ser chicas, sin embargo, cuando leemos por primera vez el texto pareciera que están hablando de una cercanía por empatía, pero luego, al avanzar la trama, descubrimos que hay más, que sí, efectivamente, las historias son similares, pero desde una profundidad que no se resume al género: ambas son chicas, ambas buscan algo (un familiar, una mejor vida, el olvido, la pérdida del arrastre que les recuerda lo débiles que son[5]), ambas han mutado a la categoría de migrantes.

Cuando Elvia dice que ambas historias podrían ser la misma se refiere a que ella también persigue el mismo sueño, aunque la mueva otra inspiración que nunca llegamos a saber, porque el personaje de la Colombiana es tremendamente enigmático, amén de que sea quien comienza la conversación no es la que más expone detalles, siempre está agazapada, esperando la revelación de la estrategia a seguir para continuar con vida, de ahí que Elvia diga, en el primer intercambio "una amiga por un momento" (89).

La cubeta de los cangrejos. Foto: La Teatra

---

[5]Más adelante, cuando les toca pagar su parte del viaje al Pollero, y la Colombiana no tiene dinero para hacerlo, él la recluta para que se una a quienes le trabajan. Hacia el final, Jimy mata al Gato, luego de haber intentado ajustar cuentas pendientes; y también intenta matar al Pollero, sin éxito, pero la Colombiana le quita el arma y lo encañona. Ella debe definir el bando en el que está: ya no está más en el de Jimy sino en el de los vencedores. Las chicas tienen que sobrevivir como gato boca arriba, y otra vez la metáfora animal se convierte en la salida perfecta.

Quienes se encuentran en el recorrido de la frontera no se pueden permitir el placer de hacer amistades, menos si los conocen en semejantes circunstancias, y así nos lo deja claro el personaje de Elvia, sin saber cuál es el camino que tomará su compañera. El autor está dejándonos en la generalidad de la pieza una capacidad que permite ir avanzando en las posibles acciones de uno u otro personaje, al menos de manera intuitiva. Y esta capacidad vale la pena ser mencionada. En el mismo diálogo, cuando entra, el Pollero se dirige al público y lo increpa, esta es una acción que hará en repetidas ocasiones, y se entiende como parte de la propia concepción del personaje, es así que, en la escena II, el final de la VII, cada una de las siete secuencias de la IX y el final de la XII, tenemos los diálogos del Pollero con sus *voyeurs*, para recordarnos el papel que ocuparemos en un posible futuro.

En *La cubeta...* no hay una inocencia en quienes ocupan el escenario, cada uno tiene un fin, una historia que revelará o no, y en este caso, el Pollero es una entidad simbólica, que no sabremos hasta el final, cuando no muere, pero que debemos descubrir en el camino cuando sus parlamentos son más que irrespetuosos, osados, sin miedo a una posible respuesta negativa, o que le perjudique, como bien dirá hacia el final de la obra "yo soy un mal necesario" (168).

El Pollero se dirige al público y revela una perogrullada, todos tenemos un familiar en los EE.UU. y la historia que contamos, es la misma que pasaron. En el subtexto hay una generalización que discursa sobre la ontología del latino. Si nos detenemos a pensar cómo nos ve el norteamericano, la voz del Pollero es el inconsciente de una generalidad que no sólo proyecta su odio hacia quienes han venido a usurpar su país, sino también, la voz de los cangrejos, que una vez alcanzado el estatus de ciudadanos norteamericanos no consideran sea buena idea que la colonia siga creciendo. Los cangrejos mexicanos no se limitan a evitar que sus compañeros fracasen, sino que tampoco permiten el aumento de la población, aunque pareciese lo contrario por el fomento de la emigración como solución a la reunificación familiar, y vista desde el nacionalismo que muchos mexicanos expresan del otro lado.

Lo cierto es que el personaje del Pollero es un enigma que se mueve en dos aguas. Como él llega a confesar, le gusta celebrar en Estados Unidos y puede moverse con libertad en ambas geografías. La complejidad con la que el dramaturgo, otra vez, realiza el delineado de los protagonistas de su pieza es digna de resaltar, más que logro académico cual extracto de una sociedad, que animalizada o no, carga varias simbologías, angulaciones, en el proceso de su análisis.

Por otro lado, la objetualidad como parte de la expresión de los personajes se asimila desde un tamiz velado que permite colocar varios textos en lugares camuflados, como los dichos por Amelia, este personaje que también, como el Pollero, puede encarnar a más de uno, puede representar a un cúmulo de migrantes que han perdido su vida, o que, como las almas de la primera escena, están por todos lados, viendo, esperando a que otros se unan a su bregar.

En la escena X, Amelia está escondida tras una maleta, y la acompañan en el escenario Jimy y Elvia, ella les dice:

> AMELIA: A veces estoy parada frente a la gente y no me ven.
> [...]
> AMELIA: Allí están con sus manitas ampolladas. Les gusta la nochi, porque es grande como sus sueños. Ellos también llegaron aquí buscando a sus 'apás...pero no saben 'ónde están. En el día se la pasan en los tiraderos, unos vienen de Guatemala... no sé 'ónde. También juntan sus centavos pa' pagar al coyote. (120-124)

La persistencia de los espectros es algo que acompaña todo el tiempo a los personajes de la obra. Hay una constante mutación en la materialidad que ellos experimentan, en el caso de Amelia, y como la llama el dramaturgo, es una Llorona, de ahí que la escena cobre ese nombre: "La llorona sale a las doce". Y es que la estrategia del escritor retoma los personajes y la influencia rulfiana para cuestionar el estatus de su propia percepción. Cuando Amelia se pregunta por qué nadie la ve, y luego hace la narración de los niños en los tiraderos, los mismos que llevan, como ella, un largo tiempo en la espera de poder encontrar a sus padres, está colocando sobre la mesa una afirmación: a veces no sabemos nuestro propio estatus vital, y el Pollero lo anunciaba en la cita de la escena comentada, al dirigirse al público, estaba enfrentando(nos) a una realidad posible, "o tal vez…".

Los personajes de *La cubeta…* no están colocados a manera de solución inocente en las escenas. Conforme el diálogo avanza y descubrimos los ángeles que Amelia trae en la maleta e intenta que Elvia se lleve, tendremos la certeza de que hay una puerta trasera en la narración. Cuando los migrantes van a comenzar su viaje no deben llevar más que sus propias pertenencias, o algo que sea realmente indispensable, ya vemos como al principio Elvia se deshace de los calcetines. Entonces, ¿por qué alguien llevaría una maleta en semejante aventura? El cuestionamiento agarra cuerpo a medida que el personaje va contando su historia y nos revela su trayecto, el de su niño, y la búsqueda que no termina por su hijo perdido. Amelia está detrás de la maleta que carga, Amelia llega en la maleta, Amelia es un alma que no podemos dejar, esa piel que Elvia pretende soltar en el camino, como muchos migrantes cuando les asfixia sus propias prendas, su memoria. La maleta es una metáfora de la frontera que debemos cruzar[6], por eso el personaje aparece en escena detrás de este elemento y su coreografía en escena sale de allí. La objetualidad de la

---

[6] En una conversación, la primera vez que le comenté al autor la idea del presente ensayo, después de ver su estreno *Trinidad* (2019), de Juan Carlos Embriz y Hugo Salcedo, donde también usa una maleta, me confesó: "esa maleta es la misma que usamos en el montaje de Tijuana, de *La cubeta de los cangrejos*", ahí descubrí que los objetos son una extensión que cargan con nuestras historias, que almacenan nuestra vida en su piel, desgastada, reciclada. La maleta es la inspiración de estas líneas, como las fronteras que no podemos cruzar, aunque hayamos abandonado nuestro hogar, nuestra patria; los objetos nos seguirán recordando la existencia de fronteras por cruzar, de migraciones por venir.

maleta se mixtura con las acciones que los personajes realizarán, y cómo a veces, resulta imposible desembarazarnos de aquello que quisiéramos, aunque nos pese, y frene la evolución que esperamos alcanzar. De su corporalidad salen los ángeles que intenta herede Elvia, pero que no puede llevar, por su peso, y es cuando el contenido de la maleta cobra su verdadero cometido: una protección que la almeja/Amelia quiere otorgarle, pero otra vez, los cangrejos no necesitan ayuda, y la rechaza.

Hay en esta escena otra referencia a la animalización de los personajes cuando Elvia dice "yo no pido queso, sino salir de la ratonera" (121). Las objetualidades en la simbología de *La cubeta...* están proponiendo el interés por descubrir otras maneras de leer el espectáculo. Si en esta escena se nos muestra la maleta y los ángeles como oportunidad de trascendencia es porque en ellos se filtra una historia que debemos recuperar, cargar, aunque nos pese. La obra propone la mirada a la frontera como metáfora y corporalidad al unísono, así como la presencia de humanos y espectros al mismo tiempo.

El trabajo con la frontera es asumido con el tino de quien camina en lo liminal y no puede caer al abismo. Si nos detenemos en esta escena en la manera en que el autor trabaja con los personajes simbólicos, descubrimos la frontera que realmente debemos cruzar. No hay en el texto una colocación de presencias impostadas, sino la sugerencia de posibles predicciones. Desde el título se apuesta por la sabiduría popular, así debemos entender el resto de su cuerpo. La objetualidad que se coloca en escena es el momento de pensarnos en la frontera: una maleta, una historia (personal), una barrera que nos oculta, nos protege. Al comenzar la escena X, hay una didascalia que dice: "Al pie de una enorme barda de láminas de acero están agazapados Elvia y Jimy, Amelia está oculta tras una maleta vieja. Un ruido metálico se escucha durante la escena" (117). Cuando el lenguaje del teatro se desborda, como suele ocurrir en las piezas contemporáneas, hay una intensión de involucrar al espectador como parte de la historia, por eso el pollero se dirige al público, y les dice migrantes, por eso la objetualidad como frontera extendida a una liminalidad que experimentaremos una vez que lleguemos a casa, una y otra vez que tomamos un avión, un barco, un tren; y carguemos una maleta.

Hacia el final de la obra hay un diálogo revelador entre el Pollero y Jimy:

> POLLERO: Ya empezada la historia no hay modo de detenerla.
> JIMY: Pero no estaba escrita de este modo.
> POLLERO: Hay que borrar parlamentos de la historia para apropiarse de ella.
> JIMY: ¿Cuál historia?
> POLLERO: La que yo escribo.
> COLOMBIANA: Hay que estar de lado del que más convenga. Tú decides.
> POLLERO: Soy un mal necesario. No puedo morir, yo me reinvento una y otra vez. Siempre he estado aquí, como personaje principal. Yo muevo todos los mecanismos de la historia, los engranajes de este drama. Por mí se coligen los intereses de ambos sistemas. El cielo y el infierno los construyo con mis manos. Cuando extiendo mis alas todo se oscurece. No puedo morir, estaré aquí por la eternidad. Las trompetas sonarán a mi paso y los elogios de los grandes desdeñaré. Para entonces a todos los tendré en mi puño. (168)

El personaje del Pollero, como los anteriores comentados, tiene una pluralidad que lo convierte en algo complejo y seductor. Y es que más allá de su simbología, la permanencia que reclama en la dramaturgia, parece que está hablando por otro individuo. Es decir, no tenemos que interpretar a pie juntillas sus palabras, sino leer más allá de lo que su caracterización expresa. En el principio del diálogo el personaje dice "La historia (...) que yo escribo" y es bastante evidente, si quisiéramos pensarlo de ese modo, la personalidad no sólo del lastre que es la trata de personas y la migración, sino el oficio de contar historias a lo que se refiere.

> Los personajes son propios de estas historias de nuestros pueblos como aquella Llorona que deambula de un lugar a otro lamentándose por la pérdida de sus hijos, y por otro lado, aquellos personajes que corren con suerte al lograr el sueño americano y, por otra parte, lo contrario, aquellos que fracasan en todos los sentidos, como seres humanos, como padres de familia, como amantes y en su propia economía familiar, además, porque son fracasados desde la mirada de los otros.[7]

El Pollero es la encarnación de la voz del dramaturgo que, a su vez, es el sedimento cultural de una nación. Las fronteras regresan en esta ocasión para desmontar el constructo de poder que encontramos en la pieza dramática y llevarlo al terreno más común: la sabiduría popular. Cuando el personaje nos dice que no puede morir está exhibiendo un halito cultural. Las tradiciones que nos caracterizan han sido pasadas de voz en voz, son esas historias que dice Juan Carlos Embriz extrajo del pueblo que lo/nos rodea. *La cubeta...* no sólo hace referencia al espíritu mexicano en el nombre, y la construcción de los personajes, sino en la capacidad de habitar la frontera desde otras corporalidades, más o menos humanas, más o menos metafóricas, más o menos documentales.

---

[7] Véase la entrevista a Juan Carlos Embriz en el presente volumen.

Cuando el personaje se nombra autor, está diciendo que hay una continuidad que no termina con su muerte. La historia es escrita por los dramaturgos, pues son ellos quienes visibilizan estas problemáticas. Ellos, como los artistas en general, traspasan la frontera de cristal y convierten la pecera en un espejo donde todos observamos nuestro reflejo. Y como la Colombiana, tenemos la oportunidad de estar en el lado que más nos convenga, sea más al norte o al sur. Lo cierto es que las estrategias de enunciación del texto demuestran que, en las sociedades actuales, hay varias fronteras, y nosotros podemos ser quienes las derrumben, quienes carguen con ellas sobre sus hombros, quienes intenten dejarlas en el camino como la piel de un reptil, quienes las idealicen en la distancia.

La animalización de la cultura que otorga al texto un matiz autoral se convierte en el espacio donde enunciar los componentes de una sociedad. Para el autor/Pollero no somos el público, estamos en la platea, pero también rozamos la liminalidad nómada. El ser humano pertenece a la migración como práctica cotidiana. De ahí que no podamos prescindir de los polleros en todos estos años. México sufre de políticas gubernamentales que no ayudan a sus ciudadanos a terminar su ciclo vital sin el remordimiento de lo que pudo pasar si... Por ello los cangrejos esperan a la noche para cavar sus casas, para huir de la migra, aunque las almas de las veredas se la pasen reclutando nuevas entidades energéticas. La obra de Juan Carlos Embriz debe ser entendida como otra liminalidad, en tanto sus personajes poseen una materialidad indefinible, las historias que nos cuentan se mueven en terreno movedizo entre la realidad y la ficción, así como la fábula que la nombra es un símbolo de una cultura, de un comportamiento, o el reducto de una memoria.

Nada es "cierto" en *La cubeta de los cangrejos*, siguiendo el espíritu de su propio relato, el autor nos arrastra al fondo del cubil, nos aprisiona en las brasas de una verdad que, como cristal de pecera, sabemos ahí mas no podemos cruzar. La frontera de un *fatum* invisible.

Epílogo

> *la estrella que ilumina y mata.*
> José Martí

Las escrituras sobre la frontera son uno de los asuntos más explotados en la contemporaneidad, de acuerdo con la sensibilidad que brota de las personas implicadas en medio de tales problemáticas, y la expansión de fronteras en pugna cada día. No se trata de abordar los conflictos entre naciones que llevan siglos peleando por alcanzar un tramo más de su geografía, sino de derechos inherentes como individuos en una temporalidad globalizada.

Por estas razones tan afines a todo tipo de público, los procesos de escritura que abordan estos temas caminan por la franja del cansancio, del agotamiento, del exceso de información. Sin embargo, el verdadero reto está en cómo acercarse a las historias y mantener la atención de aquellos interesados y conocedores de otros acercamientos previos.

La posición del crítico es compleja en tanto no debe implicarse en los tópicos analizados, mas, si la distancia es demasiado amplia, la frialdad en el abordaje del tema es palpable por aquellos lectores perspicaces. De ahí que mi interés por esta pieza como foco de estudio partiera del vínculo que percibí en las primeras lecturas de su contenido, y el potencial infinito descubierto con las segundas revisiones.

El paso por la cultura mexicana como base para el comportamiento de los personajes, así como la conversación que tuve con su autor, antes de comenzar el trabajo escrito, me inspiraron a convertir la historia de migración de Juan Carlos Embriz en una mixtura de subtextos percibidos cuando empezamos a leer entrelíneas. Los trabajos de investigación son un reto mayor al estar en diálogo con otros relatos cruzados.

Mi acercamiento a *La cubeta de los cangrejos* es un proceso que comienza en la primera persona, surca la liminalidad teatral y es tatuado en la frente como esos códigos de barra que reaccionan a la luz negra. Las fronteras de hoy seguirán siendo tema de conversación, de representación por muchos años más; ahora bien, no experimentemos un trayecto como el de los personajes migrantes para sensibilizarnos con sus narraciones.

Bibliografía

Casullo, Nicolás. "La memoria de las cosas". *Observatorio Siglo XXI. Reflexiones sobre arte, cultura y tecnología.* Compilado por José Martínez. Paidós, 2007.

Córdoba, María Socorro Tabuenca. "Una conversación imaginada sobre las literaturas de las fronteras a más de 20 años". *Revista Iberoamericana* 265, 2018.

Diéguez, Ileana. *Escenarios liminales: teatralidades, performatividades, políticas.* Paso de Gato Toma, Ediciones y Producciones Escénicas y Cinematográficas, 2014.

"Frontera." *Wikipedia, La enciclopedia libre.* 23 nov 2020. 24 ene 2021, https://es.wikipedia.org/w/index.php?title=Frontera&oldid=131158851.

Embriz, Juan Carlos. *La cubeta de los cangrejos.* Fondo Editorial del Estado de México, 2016.

Herr, Adrián. *Extraños en dos patrias: teatro latinoamericano del exilio.* Iberoamericana, 2003.

Narrativas fronterizas. Un breve recorrido desde algunas obras del teatro mexicano hasta el performance

Greta Gómez Camacho

> *Vivir en la frontera ha repercutido en mi escritura;*
> *en mis caóticos procesos mentales (...)*
> *en el acaso inconsciente residencia de personajes desajustados,*
> *inadaptados, melancólicos, solitarios y preesquizofrénicos.*
> *Es decir, el medio ambiente ha permeado mi estilo.*
> Eve Gil

La literatura de la frontera ha estado enfocada principalmente a los estudios de la frontera espacial y para ese confín geográfico que se ubica, en este caso, entre México-Estados Unidos de América. Ésta siempre ha estado caracterizada por mostrar los límites a los que el ser humano se enfrenta al cruzar esos espacios liminales, por ser lugares prohibidos, regidos por políticas migratorias siempre unilaterales y donde existe una violencia corporal y cultural sin sentido.

Las narrativas van desde novelas, ensayos, poéticas, biografías, textos periodísticos, entre otros géneros, que exhiben el horror que sucede en esos espacios y que se ha construido durante años para mostrar la legitimación del discurso de odio, el por qué no hay que cruzar y hasta evidenciar las situaciones por las que atraviesan los que transitan esos lugares.

Desde allí nos situaremos para comenzar a hablar de las narrativas fronterizas escritas desde la dramaturgia mexicana y mexicoamericana. Esto tiene una correspondencia con que, después de la Revolución Mexicana y mientras los estadounidenses se encontraban en la Primera Guerra Mundial, se impulsara el reclutamiento de trabajadores mexicanos como "mano de obra barata" para sustituir a ciudadanos estadunidenses.

A partir de entonces empezó a haber un flujo importante de personas, algunas regresando a México y otras quedándose en Estados Unidos con trabajos mal remunerados (González González 20). Después de ello, se comenzaron a escribir dramas que relataban tanto la migración interna (dentro del territorio mexicano, de estado a estado o de región a otra región), como externa (fuera del país) de los mexicanos, así como la situación del campesinado migrante.

La obra más polémica del escritor mexicano Rodolfo Usigli, *El gesticulador* (1939), retrata una familia que, luego de haber quedado desdichada tras la Revolución Mexicana y sus ideales, regresa a su pueblo para tratar de avivar, entre otras temáticas familiares, esos principios fracasados y perdidos de la Revolución, sin escatimar el peligro al que se atienen al tratar de revivir esas ideas revolucionarias.

A través de esta primera tragedia mexicana, como Usigli lo menciona -quien, además, es considerado el padre del teatro mexicano-, nos muestra los sentimientos que permanecieron después de esta época, el reconocimiento que cada uno de los personajes quiere obtener basados en estos principios, y el carácter y destino trágico de todos ellos al querer ser alguien que no son, cegados por esas narrativas ya impulsadas desde Norteamérica en que la tecnología, el dinero y la reputación están por encima de la educación y la honestidad. Aquí estamos hablando de una migración interna, pero que es desembocada por un conflicto global que permeó al país en esos años.

Desde este momento podemos vislumbrar cómo Usigli cuestiona desde su posición como hijo de extranjeros, a través de la dramaturgia, las maneras en que se instaura una ideología del deber ser, del cómo debemos identificarnos y cómo nos advertimos dentro de los lugares en los que nos encontramos. Es decir, esta familia que ha vuelto de Norteamérica se siente ahora poco valorada y disminuida al tener que volver a su país de origen por diversos motivos.

La migración posrevolucionaria fue de tal magnitud que incluso escritores y artistas también emigraron, por lo que poco a poco se incrementó la población en el país vecino, causando que las políticas migratorias de Estados Unidos se volvieran más crueles y empezaran a haber más restricciones legales. Con ello, las leyes migratorias se modificaron cada vez que el país del norte necesitara o no de ciudadanos mexicanos, conformando así una relación de desigualdad que la vivimos hasta hoy día. Al mismo tiempo los escritores y artistas formados en esos espacios liminales o que escribían sobre esas temáticas iban en aumento.

Juan Bustillo Oro, quien en 1933 publicó *Los que vuelven*, proponía ya un teatro crítico impulsado por las profundas disparidades sociales y políticas que la migración traía consigo, por lo que alguna vez comentó en sus memorias: "Recientes los estragos y sufrimientos de nuestra revolución, la gente parecía resistirse a renovarlos en un espectáculo que forzosamente tenía que remover aquellas amarguras. Nos sentimos heridos directamente por nuestra patria, y pensamos en emigrar a parajes menos hostiles" (Bustillo Oro en Schmidhuber de la Mora 3).

Con el periodo "bracero", Estados Unidos volvió a recurrir a mexicanos para la fuerza laboral que requería tras la presión económica por el inicio de la Segunda Guerra Mundial. Este programa daba trabajo a personas con documentos; sin embargo, también indocumentados comenzaron a llegar para obtener mejores condiciones de vida (González González 31). A partir de aquí la emigración ya no sólo fue de México, sino que comenzó a surgir de otras partes de Centroamérica y Sudamérica. Sin embargo, a la par, se iniciaron proyectos artísticos, intelectuales y culturales que enarbolaban esos nuevos sentires incitados por la desigualdad entre nacionales y migrantes.

Se continuaron publicando obras que reflejaban el papel del migrante como mano de obra, como ilegal, como delincuente, como intruso, entre otras características vulnerables. Para hacerle frente, algunos autores comenzaron a criticar esas narrativas que se han utilizado para denostar al migrante vinculadas hacia su criminalización. Desde de la década de los setenta, Cherríe Moraga o Luis Valdez empezaron a trabajar sus obras relacionadas con el movimiento chicano y a la cultura de frontera, así como la literatura chicana de Gloria Anzaldúa y otros escritores hablaban de culturas mestizas, obras de teatro documental, campesino y testimonial que abordan personajes culturalmente internados en ambas culturas, lo que esos autores le llaman el *tercer espacio de enunciación* (espacio ambivalente entre el mundo colonizado y el que colonizó). En este teatro el trasfondo político y social incluye temáticas que son abordadas desde la frontera, pero que se interrelacionan con otras como la sexualidad, el género, la coyuntura política, el muralismo, entre otros.

Fue muy importante este transitar, pues además de cuestionar el poder blanco y legítimo, sobre la territorialización, el racismo, las políticas migratorias, el trabajo y las condiciones precarias de vida, estas miradas que se retrataron en obras con contenido social, también dieron un giro sobre quiénes habían estado escribiendo sobre la frontera: hombres blancos. ¿Y dónde quedaban las otras voces? Este giro impulsó lo que hoy en día se está escribiendo sobre el pensamiento fronterizo.

Es dentro de esta ola que se empezó a hablar de la frontera desde distintas posiciones. Desde la manera en que se desarrollaron las obras, se observan también menos acotaciones en los textos dramáticos y, en consecuencia, más libertad para los directores a la hora de montar una pieza. Asimismo, los sitios donde se localizan las obras cada vez son espacios más abiertos, públicos, plurales, liminales y abstractos debido a los movimientos migratorios que se han modificado a consecuencia de esas políticas migratorias restrictivas cambiantes.

Con ello, artistas de performance también se interesaron en explorar estas temáticas y presentarlas corporalmente. Los cuestionamientos ya no solamente fueron de estudios dramáticos, sino que, desde la acción estética, a través de mecanismos lingüísticos, corporales, simbólicos, atravesando ahora las propias experiencias, se realizaron otros cruzamientos de diverso tipo: culturales, imaginarios, digitales, de género, entre otros, a consecuencia de la globalización y del entramado transdisciplinar, para dar soluciones a nuevas problemáticas migratorias desde el *performance art*.

Los encuentros que ha tenido el performance con otras disciplinas han sido fundamentales para conjuntar teoría y praxis. Desde el interior de estos debates de las prácticas artísticas surge el performance, artefacto que trasciende el arte y trastoca otros géneros artísticos y disciplinares. A medida que se empezaran a problematizar las representaciones de la migración a través del performance, esas producciones artísticas también fueron a la par foco de estudios académicos de teóricos como Richard Schecnher, Diana Taylor y Antonio Prieto, por mencionar algunos. Tales producciones artísticas ligadas a nociones sociales y políticas enmarcadas a la coyuntura política de cada época.

De esta manera es también como el performance se ha relacionado con la literatura. Al ser una transdisciplina, construye sus reflexiones a través de la palabra, el cuerpo y la acción. De esta manera la literatura ya no sólo es un soporte de ideas que llegan a otros autores, sino que es el mismo autor quien construye narrativas corporales que se leen fuera de la sumisión del texto. Es decir, la puesta en escena se visualiza y son los espectadores quienes descifran palabras, signos, movimientos y presencia/ausencia, así como los mismos *performers*.

En los siguientes autores, su obra surge a partir de sus experiencias personales, quienes a través de su cuerpo han atravesado el ser migrante. Ya no sólo por medio de las palabras han encontrado la manera de contar su historia, sino que al corporalizar éstas y las situaciones que se van creando, han podido narrar y comunicar las memorias de su transitar como migrantes. El cuerpo se convierte en ese espacio textual en donde inscriben sus pautas de identidad, sus pensamientos, acciones y pasiones. De esta forma, la conciencia crítica y memoria colectiva pueden enunciarse más honestamente que con las palabras.

Asimismo, el uso de palabras evoca rememoraciones de discursos previos, que al escuchar frases anteriormente emanadas y que causaron gran impacto colectivo, hace que a la mente llegan flashazos de recuerdos que nos llevan a esa situación pasada que el performancero nos propone. Por ejemplo, me refiero a consignas, rimas, frases hechas o escraches que se retoman para la presentación de un acto performativo. Estas teatralidades se fundamentan en fuentes documentales, epistemológicas y testimoniales que nos encaminan a lo real, lo que se convierte en un archivo de la memoria viva: fotos, documentos, videos, cuadernos, libros, blogs, cartas, ropas, maquillaje, objetos; un vestido de una desaparecida puede convertirse en un símbolo, ya sea por el color, el diseño o alguna característica, del que posteriormente se escriba o se hable de él, y por el color sepamos de qué se trata y qué simboliza. Estas narrativas nos trascienden en el imaginario colectivo de la misma forma en como la literatura de la frontera lo ha hecho. Es por esto que, a continuación, mencionaré algunos ejemplos de performanceros mexicanos del cuerpo o de la palabra que han abordado la frontera desde diversos enfoques.

Existen diversos investigadores y artistas interesados en reflexionar acerca de las fronteras. Cada uno de ellos ha conjuntado su disciplina e intereses con su quehacer artístico. Guillermo Gómez-Peña es uno de ellos y ha consolidado su trabajo al vivir en esa constante frontera entre México y Estados Unidos, por lo que sus temas se han centrado precisamente en esa fusión de cultura mexicoamericana, con folclor chicano y tintes *steampunk,* lo que también podría considerarse arte *rascuache,* como una negación al arte establecido, cuyo sentido se inclina más hacia lo que se manifiesta que a la estética del *establishment.*

Una de sus temáticas recurrentes para dar revés a ese discurso hegemónico es el concepto de *frontera,* que en sus presentaciones maneja con holgura para posicionar a los espectadores en un estatus distinto, colocándolos como "el otro", quien se convierte en una minoría discriminada, marginada y expulsada de la cultura dominante.

Por ello resulta central su labor, tanto para entender la escena performance como acto transformador de la vida social y como un punto de inflexión para estudiar temáticas relacionadas a la sexualidad, la diversidad, la nacionalidad, la inmigración, la identidad y otros temas, desde un enfoque social y cultural.

En su trabajo podemos ver que no solamente se refiere a las fronteras geopolíticas (espaciales), sino también a las culturales, lingüísticas y estéticas (simbólicas) donde construye, a través de su obra, una nueva identidad que rodea estas fronteras donde se cruzan las culturas. En esa temática general desmenuza otras tantas que se relacionan, como la discriminación, el uso del lenguaje, la creación de estereotipos y las políticas migratorias.

A partir de esas temáticas, construye estrategias o géneros híbridos para desarrollar las ideas del grupo artístico al que pertenece. La Pocha Nostra es un colectivo que se conforma de diferentes artistas transdisciplinarios de diversos países que colaboran con el objetivo de

> cruzar y borrar fronteras peligrosas e innecesarias entre el arte y la política, la práctica y la teoría, el artista y el espectador. Luchamos por erradicar los mitos modernistas sobre la pureza en la cultura, y por disolver las fronteras que rodean a las nociones convencionales de la etnicidad, la sexualidad, el lenguaje y los oficios artísticos. (Manifiesto 1)

Entre sus producciones cuenta con proyectos de performance, fotoperformance, video, instalación, ciberarte, radio y distintas publicaciones teóricas y artísticas. En esta interdisciplinariedad ha podido, a través de técnicas estilísticas, combinar cuerpo, espacio, acción y palabra, a la vez de narrar las historias que ponen en jaque a las mayorías y usar el performance como medio de aprendizaje humano. En su trayecto artístico, junto con otros artistas como Nola Mariano, Violeta Luna y Roberto Sifuentes, quienes también han sido parte de la Pocha, el colectivo multidisciplinario se ha dedicado no sólo a presentar sus obras centradas en los cuestionamientos hacia las políticas migratorias y otros ejes similares, sino que en ello han encontrado la manera de transmitir sus saberes, por medio de talleres que cada cierto tiempo convocan para formar otros artistas con la misma línea de investigación y praxis, así como para su retroalimentación.

Entre sus publicaciones se encuentra el libro *Bitácora de cruce*, un compilado a modo de diario, publicado en 2006, sobre su desarrollo como artista a partir de la transformación que inició cuando migró de México a Estados Unidos y sobre sus presentaciones que ha dado. En él relata algunas de sus muestras y pensamientos cuya redacción la expresa a partir de algunas acotaciones del cómo hacer cierto tipo de voz para enunciar sus narraciones o qué música poner en esos actos; por lo que su literatura también refleja que el *performance* puede escribirse para que otros puedan retomarlo y formarse como *performanceros*.

Para ello, también existe otro libro titulado *Exercises for Rebel Artists, Radical Performance Pedagogy*, un manual de ejercicios pedagógicos publicado en el 2002, relativos al método de *performance* del grupo La Pocha Nostra, cuya finalidad es revelar algunos ejercicios lúdicos que llevan a cabo para su preparación en cada uno de sus talleres. Primero, para ayudar a otros artistas a desenvolver su confianza e identificar el espacio que los rodea con respecto al cuerpo de los otros. Posteriormente, mencionan cómo es el tratamiento del cuerpo del otro. En una tercera parte, estos autores muestran cómo pueden desafiarse los roles sociales y conocer qué subyace en la psicología de los personajes o caracteres que cada artista quiere presentar en sus *performances*. Y en último lugar, la exploración iniciada en los talleres se pone en escena para que los artistas que tomaron el taller puedan corporalizarse frente a un público y tengan un diálogo no sólo en el taller, sino en el exterior, a quienes finalmente van dirigidos los actos.

Una herramienta fundamental de su trabajo es la exploración que se hace con el lenguaje. Con ello revierte las clasificaciones que desde el colonialismo tenemos incrustadas en nuestro pensamiento occidentalizado. Al autonombrarse a él mismo o a sus obras con conceptos donde mezcla idiomas y sus significados, reconoce el centrismo lingüístico de algunos hablantes que creen que un idioma supera a otro, sobre todo en esos espacios liminales donde se concentran diversas maneras de comunicarse. En ese mismo sentido construye personajes que cuestionan los prejuicios, símbolos e identidades que se han creado en el imaginario colectivo: bandolero, mariachi, narco, brujo, exterminador, chicano, vato, pocho, asesino, chamán. Estos personajes los trabaja desde el miedo que los que discriminan proyectan sobre los discriminados.

En este recorrido Gómez-Peña ha podido influir a otros artistas que buscan explorar esos espacios liminales desde la ternura radical propuesta por la Pocha Nostra. A partir de ello, sus obras han encontrado su cauce y se han transformado para tener una lectura desde el cuerpo y las palabras que son emanadas en el momento performativo.

En el caso del trabajo de la artista Cynthia Franco, quien ha profundizado con la palabra y el cuerpo sobre cómo ambas partes nos definen y se unen para significar, la tijuanense desarrolla su poesía entre líneas de diversas lenguas: español, inglés, espanglish, wirárika o náhuatl. Entre sus publicaciones cuenta con un poemario titulado *Hatsí* (2017), que significa semilla en wirárika, donde aborda temáticas como la migración, el racismo, la sexualidad, el barrio, el lenguaje, las desigualdades económicas, los sueños, la cultura neomexica, entre otras. Sus letras son un ejemplo de lo que sigue siendo migrar, el modo de vida de los migrantes y el cómo es vivir en esa frontera donde no sólo hay privilegios.

En su obra podemos ver la influencia de escritoras chicanas como Anzaldúa al usar el lenguaje para significar y dar sentido a su escritura lúdica, en que mezcla el español, inglés, náhuatl o wirárika, en este carácter transfronterizo y multilingüe de sus poemas apunta a diversas formas de articular un saber fronterizo, es decir, un espacio enunciativo que opera desde y a través de los márgenes (Prieto 155).

Asimismo, el uso de diversos íconos religiosos en su obra como la Virgen de la Guadalupe, junto con otros populares como artistas pop de ambas nacionalidades, María Félix y Marilyn Monroe, muestra su papel identitario de haber vivido en la frontera, así como la construcción de una cultura de la que se han querido apropiar otras culturas distantes, como sucede en Japón, quienes imitan la vida de los chicanos representada en revistas y películas, pero que algunos se sienten fuertemente identificados con el movimiento de empoderamiento mexicano-estadounidense.

Otras escritoras han opinado que la obra de Cynthia Franco transporta a lugares fronterizos evidenciando sus conflictos:

> Los poemas no sólo se leen, también suceden, los poemas no son sólo textos sobre las páginas, son experiencias. Los poemas no sólo viven en las bibliotecas, los poemas también se apersonan, están vivos y van cambiando conforme pasa el tiempo, haciendo de cada interpretación, una foto irrepetible, un momento en el tiempo que no volverá, un espacio que compartimos pero que se disuelve tras el acontecimiento. (García 1)

Lo anterior corresponde a la característica de los textos de Franco, quien con sus letras revive experiencias y son parte de ella misma, al performatizarlos en sus presentaciones de Spoken Word. El siguiente extracto de su poema *Yes, we are mexican people*, nos permite vislumbrar los entrecruzamientos de vivir en la frontera y ese ser nómada de la palabra:

Frontera, migración, teatro

Migrante 1 no identificado: Es Mezclado, es mezclada.

Migrante 2 no identificada: Es Mulata, frijol pinto, niggar bean, michelada.

Migrante 3 no identificado: Tepiteño, Culichi, Cachanilla.

Migrante 4 no identificado: Es humano, es humano, es humano.

La frontera no es para todos pero la podemos sentir
    Andamos *de la border*
    Líneas imaginarias sin pasaporte
    Ataduras invisibles del Estado
    Sacrificios sin identidad
    Migrantes buscando su lugar en el espacio geográfico
    buscando dónde aparear
    blindados por muros
    vacíos colectivos tejiendo sueños que se quedan en altares
    la bienvenida es un minuto de silencio
    Yes, we are mexican border people.

Esperar la negación o aprobación de una mirada a la otra
    Como acto político
    Tu visa no tiene número de folio
    Because your color is blank or brown or withouth color
    No water for your skin, we don't have mañana

La delincuencia es de uno por ser campesino o ser, sin adjetivos
no saber pronunciar *in a perfect english that give us a better work*
Una y otra puerta cerrada al encuentro de posibilidades
because Yes, we are mexican border people.
(1)

En el fragmento anterior podemos advertir la manera en que otros nombran a los que migran, su estatus migratorio, sobre las políticas migratorias, en cómo somos vistos, como números en vez de personas por la burocracia de las oficinas migratorias, las esperanzas al migrar o soñar y cómo, finalmente, nos reafirmamos en lo que somos: quienes vivimos en ese tercer espacio llamado frontera.

En otros poemas aborda ampliamente el ser mujer migrante desde su empoderamiento, quien resurge como ave fénix ante las nuevas circunstancias y se encuentra a sí misma en esas nuevas tierras que alguna vez fueron suyas. Ella por sí misma se ha clasificado como poeta interdisciplinaria, pues su obra se basa en las letras, pero también la atraviesa el *performance*, ya que ha compartido escenario con otros artistas que musicalizan y danzan su poesía. Ella misma danza su poesía, pues entre danza contemporánea, africana y prehispánica se desenvuelve en el escenario para narrar con el cuerpo también lo que siente y quiere comunicar. Principalmente se presenta en festivales o congresos sobre chicanidad, letras o feminismo. Actualmente se ha insertado en el *Slam Poetry*, práctica nacida en la década de los noventa en Chicago, pero que se ha extendido a diversos países y desde entonces ha adquirido relevancia. Franco, junto con otros artistas, ha impulsado esta disciplina que ha sumado a más jóvenes al mundo de las letras.

Finalmente, hay otros performanceros que desafían el imaginario sobre frontera como Felipe Osornio, alias Lechedevirgen Trimegisto. Con esto, hago referencia a las narrativas, o el pensa-miento fronterizo, que van más allá de las fronteras geográficas. Lechedevirgen desarrolla *performances*, entre otras temáticas, para descolonizar el cuerpo. En su participación "El cuerpo diferente" que presentó en 2012 en la XV Muestra Internacional de Performance "El sonido de la última carcajada", en México, colaboró con la Pocha Nostra replanteando la visión del macho que aún tenemos dentro de la cultura fronteriza, donde son los hombres quienes viajan para proveer a sus familias, y sobre cuáles son los cuerpos que sí importan dentro y fuera de las fronteras, tal como son vistos los migrantes en los lugares donde se habla de ellos: en los medios de comunicación. Los migrantes, tal como los enfermos, los despojados de tierras, los que viven en las calles, los que trabajan en éstas, los mismos trabajadores y campesinos, son cuerpos desechados por la sociedad.

> Considero que lo que el pensador argentino [Walter Mignolo] llama 'el pensamiento fronterizo' -como articula-ción de un pensamiento historizado por la colonialidad como revés necesario e indisoluble de la modernidad, anclado en el siglo XVI y en la posterior historia del capitalismo-, es un lente útil para considerar las prácticas artísticas que en EE.UU. y en otras latitudes, se conciben en consonancia con una 'geopolítica del conocimiento', inseparable de cuestiones raciales y de dominación cultural paralelas a una geopolítica económica de corte neoliberal que ha exacerbado el flujo migratorio del tercero al primer mundo. (Marín 103)

Es decir, el pensamiento fronterizo no sólo está anclado a los diálogos, cuestionamientos o narraciones sobre la frontera espacial, sino que es voltear la mirada a las otras historias y otros cuerpos supeditados a las ideologías totalizantes del capitalismo y el patriarcado que se enmarcan en una relación de dominación-subordinación. Dentro de nuestra misma latinidad nos encontramos con latinos que dominan ahora mismo las miradas y son ellos quienes sí importan sobre los otros latinos. Por ello es importante el trabajo de Lechedevirgen sobre lo cuir, que no abordaré en este trabajo para no profundizar más en otros temas.

A partir de él mismo, su testimonio y su autoetnografía, se acerca a estos planteamientos para "construir una distancia poética que le permite al espectador y a la vez participante, reflexionar sobre el impacto individual de la migración en el cuerpo de otro ser humano" (Marín 100). Y no sólo la migración, sino otros fenómenos sociales, culturales e incluso biológicos, como su confrontamiento consigo mismo al haber estado con insuficiencia renal por largo tiempo, lo que lo llevó a crear obras con contenido acerca de la enfermedad, donación de órganos y la medicina, lo cual es parte esencial de su trabajo.

En este primer párrafo de "Nosotrxs", pareciera inicialmente o podríamos encontrar un símil al imaginar el sentir, pensar o estar de los migrantes transitando hacia otro lugar fuera de su país natal:

> Nosotrxs. Siempre Nosotrxs. Lxs que conocemos el daño. Con el sentido del humor corrupto y el cuerpo condenado. Con el esqueleto envenenado y la voz quebrada por el llanto. Nosotrxs que ama-mos la vida, y nos toca luchar por ella. Nosotrxs los terminales. Nosotrxs sin garantía. Nosotrxs lxs que somos fuertes, porque siendo débiles nos tocó creernos fuertes. Lxs inevitables. Lxs imparables. Lxs invencibles. Lxs irremediables. Lxs irreversibles. Nosotrxs, paradojas vivientes. Nosotrxs

> lxs aferradxs, lxs que van perdiendo uñas, perdiendo cabello, perdiendo órganos, per-diendo peso, perdiendo sangre. Nosotrxs, que nxs aferramos a la vida perdiendo vida. Perdiendo vida mientras la intentamos vivir. Ganando muerte. (Lechedevirgen 1)

Sin embargo, su escritura corporaliza su sentir estando enfermo, el mismo padecer de quienes luchan por la vida, una empatía que es visible en las obras de Lechedevirgen desde su manifiesto *Pensamiento Puñal*, donde hace un llamado a los artistas o creadores que cuestionan hasta lo incuestionable:

> Para aquellxs que un mal día se dieron cuenta que llevan cara de indio, tez de estiércol, lxs que odiaron su cuerpo, para lxs pocohombres, lxs mariachis, lxs que constituyen un atentado a la masculinidad hegemónica, directa o indirectamente, lxs que son culpables de lo que no cometieron, culpables de llevar el pecado en la carne y vivir la penitencia. (1)

En ese mismo sentido, Lechedevirgen ha buscado lazos con otros artistas subversivos que han colaborado con él, rompiendo las brechas entre artistas, quien entiende este pensamiento fronterizo sin vivir o estar contextualizado de manera tan próxima a la frontera. El encuentro con Lukas Avendaño, "Amarranavajas", quien también se inscribe dentro del pensamiento fronterizo, es una alianza entre estos dos artistas para mostrar y revertir el discurso latinoamericano sobre la identidad sexual dentro de lo heterosexual y la identidad cultural sobre lo que es ser mexicano dentro de la globalidad. Ambos se presentan como en un enfrentamiento, con sus cuerpos disidentes, mostrando los límites de la sexualidad y su identidad como artistas fronterizos que cuestionan la raza, el género, la clase, por ejemplo, con sus propios personajes tan dispares, pero con opresiones similares, quienes tratan de borrar las diferencias que los encasillan.

Lukas Avendaño, por otro lado, ha trabajado con este imaginario fronterizo, poniendo énfasis en la relación y contraposición de lo indígena, lo *muxe* y lo folclórico con el imaginario nacionalista. En su *performance* cuestiona tanto lo liminal dentro de lo geográfico, como lo sexual y erótico, confrontándose al estereotipo de lo exótico, quien es observado por turistas e incluso, dentro de la antropología, como "algo" desconocido y digno de ser apropiado, reapropiado, estudiado y descrito. En este sentido, revierte lo que es un *muxe* o un indígena ante los ojos de un extranjero. Ya no es solamente quien atrae las miradas de los espectadores, sino ahora tiene voz y habla por los *otros*.

En la búsqueda de su hermano, Bruno, ha llevado sus *performances* hasta otras latitudes. No sólo presenta sus obras, sino exige con ellas la aparición de personas y la visibilidad de los marginados y ninguneados. Casi todas sus obras se acompañan de audios y danzas que concentran su acto. Muestra su identidad con la poética de su cuerpo. Ya no es el hombre que viaja para encontrar mejores oportunidades de trabajo, hacia América del norte, sino es el *muxe* de Oaxaca, el artista y el indígena que busca justicia ante esas instancias internacionales, quienes al mismo tiempo son las que no hacen su trabajo de buscar a las personas desaparecidas, a su hermano, por ejemplo; las mismas personas rechazan a los mexicanos por ser morenos, pobres y extranjeros.

Su trabajo es imprescindible para seguir una ruta de la noción de frontera. Desde la obra que Gloria Anzaldúa propuso, *Borderlands/La Frontera: The New Mestiza* (1987), que es un eje para la poética de la frontera; el debate puede seguirse con los trabajos de Avendaño, del lado de la mexicaneidad, quien se encuentra en ese tercer espacio que no se ubica dentro de uno u otro, sino que se construye un lugar donde están las otras maneras de ser.

Como vemos, la poética de la frontera cobra relevancia hoy. Los cambios que presenta nuestra sociedad y a los que se enfrenta son reflexiones que podemos encontrar en las obras de estos artistas e incentivan otras formas de pensar y actuar. El acto performativo, al igual que el teatro social, tiene esas intenciones. Con el cuerpo o la palabra se configura para que, junto con otras herramientas como vestimentas, maquillajes u otros, se expresen acciones simbólicas que incentiven la participación del público y su concientización.

En esta incesante teatralidad de la vida y su transformación ha llegado el performance a insertarse como un lugar ya común para poder investigar y exhibir las fronteras que nos encasillan desde las colectividades. El avance de la tecnología nos ha llevado también a que actuemos en tiempo real o presentemos nuestra vida en *otros* espacios de ficcionalidad, como *influencers*, o videos cómicos o cualquier persona con alguna red social.

En palabras del investigador Pedro Ovando: "el performance tiene esa capacidad para desestabilizar los sistemas simbólicos impuestos por el orden hegemónico" (316). Sin embargo, desde adentro de estas prácticas se debe seguir haciendo una reformulación del "hacia dónde vamos" y nuevas propuestas que estén a la par de actos de entretenimiento en cuanto a la difusión y propagación hacia más personas, con el fin de lograr una reflexión a profundidad sobre la transformación que estamos sufriendo como sociedad.

Tenemos la virtud de que con el performance se hayan abierto más espacios tanto para artistas como para la diversidad de obras que se presentan hoy día desde la transdisciplinariedad con apoyos tecnológicos que ayudan a la divulgación y creación. Antes, ese universo aún estaba censurado y denostado por la ambigüedad, conceptualización y abstracción de sus propuestas, por la crítica, además de la dificultad de encasillar ese arte. No obstante, con la politización del arte, estas obras fronterizas son más que vigentes por la situación en la que vivimos, donde se normaliza la violencia y aceptamos dogmas sin cuestionamientos.

Las obras de estos artistas han incidido en los lectores/espectadores y otros artistas quienes no solamente les interesan estas temáticas que ellos abordan, sino que no se ha dejado de hablar y de presentar soluciones o retratos de situaciones fronterizas que suceden día a día. Con su voz podemos decir que otras voces siguen siendo escuchadas alternamente en los espacios de poder que están afianzados por la hegemonía de siempre.

Se siguen construyendo significados que enarbolan la ciudadanía, el nacionalismo, la blanquitud; por lo tanto, las propuestas de estos autores impactan en la manera de ver el mundo e imaginarlo. Ahora enfrentan un reto importante con la pandemia; sin embargo, también existen los medios suficientes para seguir creando, pero ahora desde otras perspectivas y enfoques multidisciplinarios que involucran a la tecnología. Se ha agudizado la situación económica y de salud de los países y personas, por lo tanto, encontrar nuevas maneras de enfrentarnos a ello es parte del trabajo artístico de los creadores.

El performance fronterizo se ha internado en las artes y la literatura; los fenómenos sociales como la migración seguirán sucediendo en el mundo, por lo que el arte indiscutiblemente está, y éticamente debe estar ligado, a esas discusiones para incidir no sólo en las personas, sino influir políticamente en políticas públicas que mejoren la vida de las personas. Para eso ha de servir.

Bibliografía

Arteaga Botello, Nelson y Arzuaga Magnoni, Javier. "*Performances* políticos y sociología cultural". *Diario de campo* 6-7, enero-abril de 2015.

Franco, Cynthia. *Hatsí*. Libros del Cardo, 2018

García Diosaloca, Edmeé. "Este poema de Cynthia Franco te hará cruzar la frontera". *Spoken Word MX*. 28 de septiembre de 2019, http://spokenword.mx/2019/09/28/este-poema-de-cynthia-franco-te-hara-cruzar-la-frontera/

Gómez-Peña, Guillermo. "La Pocha Nostra: un manifiesto en constante proceso de reinvención". *Ciencias Sociales Unisinos*, vol. 43, núm. 1, enero-abril, 2007.

González González, Esther. "Características e implicaciones de la migración mexicana hacia Estados Unidos". *México, país de migración*. Luis Herrara, coordinador. Siglo XXI Editores, 2009.

Marín, Paola. "Performance y migración: Secos y Mojados". California State University, Los Ángeles, https://bit.ly/3iaZSLE.

Ovando Vázquez, Pedro. "Performance: una travesía por los linderos de la inestabilidad". *Cuicuilco*, vol. 22, núm. 64, septiembre-diciembre, 2015, https://mediateca.inah.gob.mx/islandora_74/islandora/object/articulo:10052

Prieto Stambaugh, Antonio. "Identidades (trans)fronterizas: la puesta en escena poscolonial del género y la nación". *Intersticios y entre-cruzamientos*. UNAM. 2018, https://debatefeminista.cieg.unam.mx/df_ojs/index.php/debate_feminista/article/view/1258/1111

Schmidhuber de la Mora, Guillermo. "La primera obra de temática migratoria en el teatro mexicano: *Los que vuelven*, de Juan Bustillo Oro". *Amérique Latine. Histoire & Mémoire*, 18, 2009, https://journals.openedition.org/alhim/3292?lang=en

Usigli, Rodolfo. *El gesticulador*. En Antología de autores contemporáneos/2. Teatro. Miguel Covarrubias (ed.). Universidad Autónoma de Nuevo León/Academia del Taller de Lecturas Literarias. 1980, https://www.memoriapoliticademexico.org/Textos/6Revolucion/IM/Usigli-Gesticulador.pdf

Invierno de Hugo Salcedo.
Representación crítica de la frontera

Rogelio Guerrero H.

Desde hace algunos años las discusiones sobre la frontera -mismas que han tomado fuerza en congresos, antologías, premiaciones, programas académicos y diversos medios intelectuales- han dado forma y fuerza a este concepto para (re)plantearnos cómo son representadas las condiciones del territorio y los sujetos que se desplazan por los espacios liminares; sobre todo en un momento como ahora, que se ve atravesado por las violentas dinámicas -configuradoras de subjetividades- de la modernidad. Dicho acontecimiento permea los dispositivos artísticos, desde donde es posible trazar una ruta para interrogarnos sobre estas formas de representación.

En áreas como los estudios culturales, literarios, filosóficos, antropológicos, dramatúrgicos, de salud, políticos o económicos son inaugurados amplios campos que analizan y problematizan las situaciones y acontecimientos del espacio que converge entre México y Estados Unidos, como si se tratara de un sitio único que despliega hacia su interior y exterior una violencia indisociable de su propia condición fronteriza, misma de la cual es difícil, sino es que imposible, sustraernos. Esta violencia deviene en temas que se ciñen bajo el tema de frontera, y se inauguran formas de representación como el narco, la migración, los feminicidios, la trata de personas, el tráfico de armas, la xenofobia, la explotación, el racismo; la lista continúa. Incluso hoy en día podemos dar cuenta de una administración cultural en torno de la actual situación de contingencia que experimenta el mundo, aunado a presupuestos fronterizos. La propagación del virus SARS-CoV-2 tomó por sorpresa a grandes sectores de la población mundial. La movilidad fue uno de los primeros temas en verse afectado. Se cerró y se fortaleció la vigilancia en las fronteras con el fin de evitar la propagación del virus por contagio. Con esto se potenció el *locus* cultural de un sector de frontera, por un lado, el del migrante, que pone en riesgo su vida al cruzar ilegalmente la frontera; y por otro lado el del rechazo y la deportación. Es importante mencionarlo porque en este ensayo trabajaré sobre el tema del migrante, y la violencia que experimenta en manos de la naturaleza y la técnica durante su recorrido por el desierto fronterizo.

En la academia se crean líneas de investigación comprometidas en dar respuesta y generar espacios de resistencia ante las problemáticas de frontera. En el arte, puntualmente en lo literario (que es aquí hacia donde me dirijo y el punto de anclaje de mi actual discusión), la pluma se vuelve crítica e intenta echar a andar un dispositivo de representación que denuncie las condiciones de violencia en el lugar de la actual producción artística con temas de frontera.

Mi cuestionamiento se orienta principalmente en localizar dónde están y cómo operan los sitios de enunciación y las miradas que echamos sobre los objetos de estudio para pensar la frontera. ¿Cómo estamos y hemos estado leyendo el concepto?, ¿cuáles son los objetos estéticos a través de los cuales accedemos a una visión fronteriza? ¿Estamos atravesados por el disciplinamiento del pensamiento que se sigue produciendo como el *continuum* de la historia?

Para dar respuesta a estas interrogantes me centro en tres momentos. El primero cuestiona las condiciones sociales y culturales de la producción y función del arte en las sociedades modernas; el segundo tensiona los límites del concepto frontera a partir de su constitución como categoría literaria; y en un último momento aplico estos argumentos en la obra de teatro *Invierno* del dramaturgo mexicano Hugo Salcedo, que a mi parecer, genera un espacio de vaciamiento cultural y social, y retorna a la constitución de la condición humana fundada en su relación violenta con la naturaleza, lo que da lugar para pensar en la discusión de las dinámicas hegemónicas de frontera. A través de esta operación la obra devuelve la mirada al lector, donde se instaura la frontera como el lugar imaginado.

Antes de dar inicio al análisis, me gustaría señalar que el presente estudio forma parte de un trabajo de investigación más amplio sobre las problemáticas y condiciones que versan alrededor de las dinámicas de frontera, mismas que construyen una representación de lo real; así que para no extenderme con la teoría y las lecturas revisadas, que forman parte de la reflexión, intentaré dejar rastro de algunos de los autores y textos revisados, una guía que sirva al lector para indagar más sobre el argumento y la discusión, si este texto resultara de su interés.

Primer momento. De dónde venimos y hacia dónde vamos

Para trazar el primer momento me gustaría recurrir a las condiciones del territorio, el tiempo y los espacios al interior de los textos de frontera -pienso en los espacios como en las 'islas urbanas' de Josefina Ludmer, los momentos originarios de la rearticulación de lo político (119-120)- que constituyen el camino de una "tradición" cultural, política y social que se ha encargado de urdir el concepto 'frontera' a partir de su carácter mimético y representativo. El punto específico se ancla en una relación dialéctica entre el norte y el centro de México, que se ha mantenido en tensión discursiva sobre cómo debe comportarse o desde dónde debe leerse un dispositivo artístico de frontera, a partir de lo que se denomina narrativa o las formas de producción artística fronteriza. Estos son los espacios de conflicto con la fuerza suficiente para (a partir de conceptos como diferencia, interpretación y límite) producir un lugar de enunciación que problematice las dinámicas de producción contemporánea, respecto a las estructuras de las sociedades capitalistas modernas -cuando uso el concepto de modernidad me refiero a la discusión que presenta Bolívar Echeverría en el texto *¿Qué es la modernidad?*, a partir de tres fenómenos que la articulan: la técnica científica, la secularización de lo político y el individualismo (11)-. Dicha posición, con respecto a un centro configurador, enmarcará y dirigirá la discusión alrededor de las representaciones miméticas que normalizan las formas de pensamiento conforme a la violencia y las subjetividades. Esto nos permitirá entender los discursos con los que se han estado produciendo las obras de arte, así como las posturas de la crítica y la teoría respecto a la autonomía del arte frente al arte de las sociedades capitalistas.

Este mismo espacio inaugura la pregunta por cómo se produce el *continuum* histórico, que a su vez nos hace cuestionarnos sobre qué ha quedado en el olvido, cuál es la relación (H/h)istórica que ha dado como resultado la subjetivación del concepto de frontera y que detona las actuales discusiones al respecto de ella. Es en este choque del discurso hegemónico y subalterno, como los trabaja Ranajit Guha cuando presenta críticamente las formas de producción de la Historia a través de los documentos y las narraciones, donde debe ser introducida la lectura a contrapelo que devele las condiciones fundacionales del concepto. Y en esta operación de desarticulación de la memoria ganar terreno si la anclamos en un discurso decolonialista, sobre el desarrollo de un pensamiento latinoamericano que funda sus bases en el despliegue del orden occidental sobre América Latina, el cual a su vez despliega una Segunda Realidad (siguiendo el pensamiento de Rita Segato en su texto *La crítica de la colonialidad en ocho ensayos*); una realidad especular. Me parece importante señalarlo, y no dejarlo de lado, porque lo considero el paso anterior para pensar las configuraciones de subjetividades en el territorio; el olvido que conlleva situarnos dentro de los marcos del tardocapitalismo. Y así desmarcarnos de este 'poder' que configura las prácticas discursivas.

El imaginario fronterizo es reproducido masivamente en forma de libros. Se distribuye y el lector pone su confianza en una técnica de mercado, en un dispositivo de autocontrol (Bolívar 8). Con las descripciones del territorio se reducen y reconfiguran hacia su interior las subjetividades, volcadas por la presión cultural, política y económica. La (im)posibilidad de la representación y la disposición organizativa del espacio es configurada y normalizada en el pensamiento occidental bajo las dinámicas y lógicas de esta administración cultural. El problema con tales herramientas, plantea Arendt, es no pensar las historicidades de las condiciones que movilizan las formas de comportamiento del ser humano (aunque el sistema de medición pueda ser atendido a la perfección, se cierra y moviliza el *continuum* histórico a partir de la matematización del pensamiento a través de una totalidad a la que siempre escapa algo). La desarticulación de las subjetividades, territorios e identidades con las cuales nos producimos como sujetos, nos permite teorizar, en un momento atravesado por la radicalización de lo político (en la actual discusión teórica), y echar a andar conceptos como *infrapolítica* o *islas urbanas*, que a su vez nos ayudan a conducirnos por el estudio entre la relación del pensamiento con lo político, pensando en la frontera o la intersección entre la teoría y la vida, y en las experiencias que producen o vacían lo político.

La estructura enunciativa del mercado y los estudios de la radicalización de lo político establecen la base para leer la actual producción contemporánea y las propuestas neo-teóricas y neo-críticas en cifras (a)lógicas, cuya operación es la fijación de diferencias; accediendo a espacios que develan los vínculos estructurales de las violentas dinámicas de frontera, donde radica una instauración del mundo.

Al respecto, la obra de arte se presenta montada a partir de la operación ideológica del imaginario simbólico que configura la conducta y comportamiento de los sujetos. Como lo ha señalado por Althusser cuando hace mención de los aparatos ideológicos del Estado, que funcionan como operadores que dan paso a la red de significación que articula la escritura -el desplazamiento de los significantes- presentando una falsa apariencia de estabilidad de las categorías que generan ideas con las cuales participamos de lo real.

El objetivo de este primer momento es engarzar un pensamiento que proceda sin caer en la universalización del concepto y a la vez resista a un regionalismo esencialista que lo enmarque, por lo que propongo atravesar el concepto de frontera a partir de la dialogización de las voces al interior y exterior de los objetos artísticos y la teoría. Abrir un espacio que descentre el punto fijado por la hegemonía; que despliegue las diferencia hacia lo que concebimos como lo "tradicional", y así podamos sustraernos de los preceptos políticos que norman la conducta y las acciones en los textos narrativos.

La labor es escindir el carácter mimético representativo de la enunciación de la frontera con el que performa la estructura sistémico/material. Acceder al territorio desde la descripción de los espacios y vaciar y llenar el nombre del concepto preguntándonos por sus condiciones de existencia, *adentroafuera*, con lo cual se revele un lugar crítico de su estructura enunciativa.

Segundo momento. El concepto vacío

Como hemos mencionado, el concepto a emplazar es el de frontera. ¿Cómo articula las dinámicas de producción artística? Y ante este hecho aflora una serie de problemáticas sobre cómo pensar en el espacio de frontera. La primera de ellas, y la más reciente, corresponde al desplazamiento de la industria editorial hacia las periferias. En primera instancia se ciñen los precintos críticos sobre las obras literarias, teatrales o cinematográficas impuestos por la industria cultural, con el objetivo de enraizar el concepto a partir de condiciones específicas del espacio, mismas que respondan a un trasfondo económico y político sobre la manera de ejercer un control en la producción y las dinámicas de identidad; lo que asegure un campo de trabajo y un amplio mercado de venta.

Este acontecimiento genera un momento crucial para pensar en la constitución del concepto frontera a partir de las condiciones de lo moderno, y la posibilidad de pensar la labor de la crítica, asaltadora de tumbas, como el lugar de resistencia contra las formas de producción y distribución literaria contemporánea, pero no sólo desde un punto de vista de la misma contemporaneidad, sino a través de un corte en una H/historia de la producción artística capaz de vislumbrarse mediante una dialéctica de las representaciones del territorio y el mercado en la obra misma, a través de su proceder estético y social. Pensar en las configuraciones narrativas a partir de la popularidad, en las consecuencias de las obras y en las configuraciones de las subjetividades a posteriori.

La discusión se traba en la (im)posibilidad de pensar el territorio en la literatura producida desde y hacia la frontera norte de México; pasando por el momento de la articulación del concepto fuera de los marcos teóricos y críticos con los que se le aborda tradicionalmente. Y para destrabarla debemos hacer operar los ejes del primer momento en relación con los conceptos usados para definir una "alta literatura" o literatura del canon; y una "literatura menor" o ¿literatura? El punto de partida surge, en primera instancia, de la insuperable pregunta por ¿Qué es la literatura? Un proyecto fallido si lo que se pretende es elaborar una definición; sin embargo, es un lugar donde se entabla la discusión crítica que despliega el cuestionamiento por el funcionamiento y el alcance de lo que entendemos por literatura, en cuanto a la configuración de subjetividades desde la autonomía y postautonomía del arte.

Al respecto, la lectura se vuelve exigente, sintomática; requiere el cuestionamiento por la enunciación, la (re)producción, el sujeto, el objeto y los espacios. Se inauguran dialécticamente los lugares internos y externos a la obra, al intelectual, al territorio y al lenguaje. Cuestionamientos que requieren ser atendidos desde espacios intermediales, sin caer en el esencialismo o universalismo del concepto.

La lectura vira hacia el cuidado y la relectura de conceptos y categorías para definir un proceso que problematiza la producción literaria y la articulación del concepto de frontera. Un análisis y (re)lectura que atraviesa espacios como el de la academia, el texto, el artista, los dispositivos de lectura, la teoría o la crítica; entreveradas por las condiciones de la modernidad frente a la 'tradición', con lo cual ceñimos el objetivo de investigación del territorio a un espacio de enunciación y a un artefacto estético que tensa las categorías con las que estamos pensando actualmente la frontera. La propuesta es atravesar el concepto a partir de la dialogización de las voces al interior de la obra, abrir un espacio que descentre el punto fijado por el canon, que despliegue las diferencias y podamos sustraernos al significante frontera.

Al igual que en el apartado anterior, en éste retomo el trabajo hecho por la escritora Josefina Ludmer para cruzar el primer momento al segundo a través de su concepto de 'especulación', para imaginar el mundo como un espacio (121) dividido geográficamente por la ley, pero a su vez subdividido, al interior, por las dinámicas de la pura vida, o la *zoe*, que se presenta como la condición para configurar narrativas diferentes a las que se pueden encontrar en los sujetos con presencia en lo político.

Bajo estos preceptos, Ludmer problematiza el concepto de territorio como el articulador de diferencias que configuran varias subjetividades a partir de la imagen, pública o privada, del mundo, representada por el imaginario simbólico que la constituye como lo real. La pregunta es por los espacios que delimitan los lugares geográficos por los que transitan los sujetos, y que en condiciones extremas inauguran nuevos espacios que se sustraen de toda ley en busca de la supervivencia o del cuidado de sí mismos. Ludmer se está haciendo la pregunta por los sujetos preindividuales en los territorios de la imaginación pública, con el potencial de poder pensarlos en el régimen de sentido del nuevo mundo (122), con el que se pueda reconceptualizar los significados con los que se hace representación del sistema/mundo, al que se refiere como la fábrica de realidad del territorio.

Esta articulación del pensamiento, Ludmer la conduce a través de lo literario -como los espacios que fabrican realidad- desde donde pueden ser leídas (en lo que no se dice) las condiciones del territorio sobre los que se desplazan los sujetos.

Ludmer introduce la problemática al respecto de la representación de los territorios entablada en la discusión entre realidad/ficción y la potencia de lo literario para crear fábricas de realidad (122) capaces de normalizar el pensamiento del autor/lector, y que posibilita la mirada por el paso del tiempo en los territorios, a través de cómo se han producido las narrativas, en su relación con el lenguaje del tercer mundo y el lenguaje de lo global. Al respecto de este postulado se puede pensar en el vaciamiento del nombre, de los conceptos, que despliegan su plurisignificación a partir de las condiciones del territorio; "un significante universal, simultáneamente cargado y vacío" (164).

¿Desde dónde estamos pensando la literatura contemporánea?, ¿desde dónde la frontera? Esto nos lleva a hacer una reflexión sobre los procesos de modernización que configuran las formas en las que nos acercamos a la lectura, pero que en el proceso nos hacen olvidar o perder de vista los mecanismos con los que operaban en el pasado, enfrascándonos en la discusión por la disputa del canon literario entre los señoríos intelectuales, incuestionables en sus argumentos y las grandes industrias editoriales que fundan espacios o gremios de escritores que deben someterse a los lineamientos de producción editorial.

Existe un peligro en la administración cultural que propicia un olvido en cuanto dejamos de preguntarnos por el pasado y nos instalamos en el puro presente bajo las configuraciones de la representación del mundo. La crítica está dirigida hacia cuál es la literatura a la que estamos accediendo a través del concepto frontera, y pensada bajo la imposición de una industria cultural que norma qué y cómo se escribe. Cuáles son los demás conceptos bajo los que estamos creando gremios intelectuales. Cuál es la condición de posibilidad de salir del presente a través de una mirada que le sea devuelta a la administración de la cultura, con el potencial de generar las preguntas sobre la actual situación de la frontera.

Tercer momento. Una noche de Invierno

Una vez argumentados y engarzados los dos primeros momentos, que funcionan como motor de análisis respecto al concepto frontera, me gustaría preparar este último apartado introduciendo algunos datos sobre la pieza teatral en la que identifico elementos con los que se puede llevar a cabo una crítica contrastante con las actuales narrativas de frontera; una obra que activa la operación de las redes significantes hacia el exterior de sí misma, en el espacio donde se posiciona el lector o espectador con respecto a la obra. El texto es *Invierno* del dramaturgo mexicano Hugo Salcedo. Una obra de teatro breve en la que participan sólo tres personajes. Una mujer, su pareja y su hijo.

No existen mayores rasgos descriptivos acerca de las características físicas de los personajes o del territorio, más de los esenciales para definir el conflicto que se espera ver en la puesta en escena. El lugar es *"un paraje rocoso. De noche"* (1), en invierno; son todos los datos del espacio a los que tenemos acceso, según lo señalado en las acotaciones. No hay otros elementos visuales que reúnan las características de identidad cultural que nos indiquen de entrada que estamos ante una obra de tinte fronterizo, según el imaginario significativo.

La acción de la obra se centra en la espera. Tres sujetos arrojados en un territorio incierto que esperan la llegada de una voz que les libere de la oscuridad. El tiempo es incierto, sólo nos da acceso a él a través del desplazamiento de los personajes. No hay más información. El resto es un diálogo corto entre la mujer y su pareja respecto al estado de afección en el que se encuentran; cómo están siendo abatidos por las condiciones climáticas del territorio, el olvido y la fantasía.

El único elemento por el que se verá interrumpida la significación de la obra, lo que devele las condiciones políticas y culturales del espacio es dado por el lenguaje, al final de la pieza:

> VOZ: *Don't move. Take it easy! Please. Stay in your place! Don't run.*
> (…)
> VOZ: No se mueva, señora. *We have a gun. Don't move!* (Salcedo 8)

Será a través del idioma, el lenguaje, el contraste entre dos lenguas, el inglés y el español, el único elemento en la obra que detone la red de significación que despliegue el imaginario alrededor de un lugar de frontera.

Con base en los dos argumentos trabajados, el de las formas de pensamiento originado desde una segunda realidad y el de la (re)configuración del mismo a partir de las sociedades capitalistas, esta obra escapa de los mecanismos con los que estamos acostumbrados a pensar la frontera. Se genera como un espacio, una isla urbana, dada por las condiciones de la pura vida, misma que permea en los personajes y que se inscribe en el territorio, y que pensamos a partir de la red de significantes desencadenados a partir del idioma. Esto devela, desde la diferencia, el acontecer de una memoria desplazada desde un *adentroafuera* del artefacto literario. Un mecanismo de recepción para contemplar el acontecimiento como el momento de la reestructuración del pensamiento a partir de las dinámicas performativas que se configuran en cuanto a la intervención de las formas sociales y culturales.

El acontecimiento aparece en la articulación de un pasado/presente. Las acciones y formas de pensamiento permean el texto, (re)configurando las dinámicas performativas de comportamiento. La operación de vaciamiento del sentido queda sin densidad, sin indecidibilidad, y es ocupado totalmente por la ambivalencia del territorio.

La obra hace operar desde su exterior el discurso imperante de frontera en las sociedades modernas, sin necesariamente inscribirse en el mismo. Lo que revela son las condiciones de una violencia de origen fundacional del concepto que podemos rastrear a través de fragmentos del lenguaje y la afectación en los cuerpos; por ejemplo, el agenciamiento de los cuerpos y el despliegue de una memoria fundada en el pasado y normalizada, que en el discurso y el lenguaje de los personajes se desdobla en el pensamiento del lector:

> MUJER: Mi hermana le tejió esta chambrita. Yo misma le compré el estambre en la tienda. Un cobertorcito para que

aguante bien el frío, me dijo... una colchita de doble punto... Es una locura grande habernos venido para acá sin nada.

ESTEBAN: ¿Y cómo quieres? Se hacía o no se hacía. Así de fácil. Buenos estábamos nosotros para elegir.

MUJER: Y yo de tonta. No sabes lo que me come aquí adentro. Me dan náuseas. Hubiéramos esperado otro momento.

ESTEBAN: No tardan en llegar. Vas a ver. Nos dijeron "aguanten" y eso es lo que vamos a hacer. (2)

Aunque breve, *Invierno* es una obra de teatro que resiste y revela las condiciones entre la biopolítica y la pura vida, o *zoe*; el momento que sustrae al individuo de su carácter político, lo vacía y lo muestra arrojado al mundo, cargando con el puro anhelo de la existencia con base en el imaginario de lo moderno, en el por-venir. La obra vacía el concepto, lo muestra desde su carácter de mundo originario, regido desde fuera por una ley que divide, que separa pero que opera más en la memoria que en el espacio mismo de los textos.

Bibliografía

Althusser, Louis. *Ideología y aparatos ideológicos del Estado.* Trad. José Sazbón y Alberto J. Pla. Nueva Visión, 2003.

Arendt, Hannah. *La condición humana.* Trad. Ramón Gil Novales. Paidós, 2003.

Echeverría, Bolívar. *¿Qué es la modernidad?* UNAM, 2009.

Guha, Ranajit. "La prosa de la contrainsurgencia". *Debates Post Coloniales.* Trad. Raquel Gutiérrez. Historias, (s. f.).

Ludmer, Josefina. *Aquí América Latina. Una especulación.* Eterna Cadencia Editora, 2010.

Salcedo, Hugo. "Invierno". *21 obras en un acto.* Conaculta-Cenart, 2002.

Segato, Rita Laura. *La crítica de la colonialidad en ocho ensayos.* Prometeo, 2000.

Matices de la desintegración familiar en las familias migrantes, representados en el teatro mexicano

Manuel Guevara Villanueva

B autizos y primeras comuniones, la comida, el acordeón de Los Tigres del Norte, las piñatas y las redes sociales, son elementos que pueden mantener una conexión permanente con las raíces de quienes viven en Estados Unidos, *Gringolandia* o *nuestro vecino del norte* —existen un sinfín de calificativos puestos por los propios migrantes—, que no terminan de ser eso, simples móviles que los trasladan a un lugar que posiblemente no volverán a pisar, empero, eso es sólo en referencia a las personas que pudieron cumplir la hazaña de cruzar la frontera, porque no debemos restar atención a quienes gozan de todas las costumbres y tradiciones mexicanas sin haberlas vivido bajo cielo nacional, es decir, de una manera genérica.

Ahora bien, observando esos núcleos familiares en completa plenitud porque los padres lograron cumplir "el sueño americano", pensemos en el peor de los escenarios... un día, armado con 140 caracteres, el hombre del *Salón oval* decide amedrentar a quienes se reponen de la resaca por la fiesta de la noche anterior y como por arte de magia —magia negra—, convierte a los Estados Unidos en el país con más niños arrestados en todo el mundo, separados de sus familias como criminales. Hasta noviembre de 2019 la cifra oscilaba en los 103 mil en total, violando los acuerdos de la CDN (*Convención sobre los Derechos del Niño*), misma que establece en el artículo 29 inciso D, que se debe "Preparar al niño para asumir una vida responsable en una sociedad libre, con espíritu de comprensión, paz, tolerancia, igualdad de los sexos y amistad entre todos los pueblos, grupos étnicos, nacionales y religiosos y personas de origen indígena" (*Convención sobre los Derechos del Niño* 23). Por el contrario, los menores son detenidos y extirpados de su núcleo familiar, condenados a perder todos los derechos y a cumplir con una sola obligación: permanecer del otro lado de la frontera, dentro de una jaula; a la espera de ser rescatados por alguien, cuya situación migratoria le permita salir sin esposas de los nuevos campos de concentración que, en la percepción de la administración de Donald Trump, sólo son albergues.

Dentro de todas las consecuencias que implica tomar la migración como salida, predomina sin duda la desintegración familiar, que ha sido investigada y representada con documentales, performance al por mayor, murales a lo largo y alto del muro, películas y canciones de reconocidas bandas que han hecho referencia a este suceso; sin embargo, pocas miradas se han dirigido al teatro como elemento para la reflexión y la denuncia, situado como una herramienta que se puede multiplicar una y otra vez en escenarios nacionales e internacionales. El arte dramático es un ente vivo que transpira datos, testimonios, vivencias. Tomando lo anterior como premisa, he realizado un análisis de la fragmentación en las familias migrantes, sustentado en la lectura de cuatro dramaturgos mexicanos que han dedicado parte de sus respectivas trayectorias al tema fronterizo: Juan Bustillo Oro (1904-1988), J. Humberto Robles (1922-1984), Javier Malpica (1967) y Hugo Salcedo (1964).

1

La obra revisada de Juan Bustillo Oro, *Los que vuelven*, fue estrenada en la Ciudad de México bajo los reflectores del teatro Hidalgo, con la producción de la *Compañía del Teatro de Ahora*, en 1932. Confeccionada entre las plantaciones, la urbe estadounidense y el desierto implacable como escenarios, desarrolla en tres actos la historia de una familia de migrantes mexicanos que tuvieron la oportunidad de cruzar juntos la frontera, debido a los problemas entre los jornaleros emancipados y los empresarios, que provocaron la *Ley Tydings-McDuffie* proclamada en 1934. ¿Qué orilló a las autoridades estadunidenses a promover una ley como ésta? Revisemos las causas.

A finales de la década de los años veinte, lejos del *fox-trot* y las primeras grabaciones de los discos de jazz, la frontera estaba llena de jornaleros agrícolas de origen filipino, además de japoneses y chinos. Dichos grupos de trabajadores fueron eficientes para organizarse y poner en jaque a los agroindustriales de California que los habían dejado crecer como población. Estaban inconformes con las condiciones de trabajo y demandaban también aumento de sueldos por las horas laboradas, así que la *Ley Tydings-McDuffie* puso fin a la migración filipina, extendiéndose a las otras dos nacionalidades, ya que el perfil ideal para los dueños de las tierras era el del trabajador sumiso, resistente y barato.

Dichas particularidades terminaron abriéndole los brazos a los migrantes mexicanos y sus ganas de arribar a las tierras del norte, esporádicamente, ya que los requerían sólo por temporadas de siembra para recoger los frutos que serían distribuidos en camiones, también los jornaleros abandonaron las fincas con la esperanza de encontrar otro lugar en el que puedan ganarse la vida. Otro factor en contra de estas familias fue la Gran Depresión estadunidense, en 1929, que aceleró el desempleo en los más necesitados, como lo describe el siguiente diálogo tomado del guion original:

>GARCÍA: *(Se vuelve al grupo de mexicanos.)* Muchachos... El gobernador del Estado ha ordenado que, mientras haya un solo ciudadano yanqui que no tenga trabajo, no lo tenga un extranjero. Acaban de llegar hombres de este país a ocupar nuestros puestos. Mister Corrigan quiere que les diga la pena que le causa a la Compañía tomar esta decisión; y que mañana, al amanecer, después de rayarles [pagarles] lo que se les deba, habrá varios camiones dispuestos para sacarnos de aquí.

ARTUR: *(A García)* Dígales lo demás…*(inquieto)* Que no hay nada de que temer. Que su gobierno se ha preocupado por ellos ya.

A un hombre: *(Adelantándose al grupo de la izquierda)* ¿A dónde nos llevan?

GARCÍA: Nuestro gobierno ha dispuesto trenes en la frontera par que regresemos. Por lo pronto nos van a reconcentrar en ciudad del Sur… Nos rayarán [pagarán] con el alba. Vayan a disponer sus cosas para que salgamos con el sol.

EL HOMBRE: ¿A nuestra tierra? ¿Y a qué?

GARCÍA: *(Rabioso)* Aunque sea a morirnos.

(El hombre se vuelve al grupo (…) por la derecha entran unos cuantos soldados del ejército yanqui.)

CORRIGAN: *(Presuroso, a los soldados)* No hará falta… no hará falta. (Bustillo Oro 35)

Bajo estas condiciones Remedios y Chema, jornaleros de la finca triguera, tuvieron que abandonar sus puestos, en dirección contraria a la de sus paisanos, para comenzar a ganarse la vida junto a sus hijos, que pasados los años habían decidido ir más al norte en busca de nuevas fuentes de trabajo alternas al campo. Para este momento, llevan meses sin recibir noticias de ninguno de los dos. Las máquinas de las fábricas que explotan obreros en la ciudad se han tragado la mano de Pedro, el menor, que inútilmente vaga por las calles entre un albergue y otro en espera de que le paguen una indemnización por el accidente, olvidando que sin documentos ha perdido todos los derechos, porque ni siquiera es visto como un ciudadano. Guadalupe, por su parte, se casa con un obrero de origen estadounidense y está esperando a su primogénito, que al ser hijo de un ciudadano estadounidense y con el hecho de nacer bajo ese cielo, tendrá más derechos que toda su familia materna; por tal motivo, al momento de ser la esposa del obrero blanco que lleva por nombre Alfred Kerr, Guadalupe pierde a su vez el apellido de su padre, adoptando el nombre de Guadalupe Kerr.

Luego de todas las peripecias y tragedias, el vínculo terminó por desintegrase, sin quedar lazo familiar intacto. En esa misma década, el 28 de mayo de 1924 para ser exactos, Estados Unidos aprobó de manera institucional la existencia de la patrulla fronteriza con un modesto presupuesto de apenas un millón de dólares, con la misión de vigilar las fronteras terrestres, sembrando la semilla del control migratorio que hoy en día se ha modificado para ser cada vez más infranqueable y doloroso sobre la existencia de quienes buscan una oportunidad de vida en "la tierra de las oportunidades". Por esos años seguía vigente el aumento de impuesto de entrada a territorio estadunidense impuesto por la *Immigration Act of 1907*, que era de 4 dólares por cada individuo, añadiendo una lista de personas que tenían prohibida la entrada, para evitar que fueran una carga que generara gastos del estado: "imbéciles, débiles mentales, personas con defectos físicos o mentales que puedan afectar [o mermar] su capacidad para mantenerse, personas aquejadas de tuberculosis, niños no acompañados por sus padres, personas que han confesado la comisión de un delito que supone depravación moral, y Mujeres que vienen a Estados Unidos con fines inmorales" (Hernández 66). Al cumplir cualquier ciudadano con los perfiles antes mencionados y hacerles caso omiso para cruzar la frontera, era tipificado, desde entonces, como una violación a las leyes migratorias.

2

La segunda pieza para revisar es de J. Humberto Robles que, bajo el título de *Los desarraigados* (1955), fue la encargada de estrenar el Teatro del Granero el 4 de septiembre de 1956. Siendo el primer teatro en la Ciudad de México que disponía de un escenario circular, ofrecía al público la oportunidad de experimentar las obras de teatro desde ángulos no experimentados; por fortuna, sigue ofreciendo espectáculos hasta la fecha.

Los tres actos de la pieza suceden en la casa de la familia Pacheco, formada por Aurelia y Pancho junto a sus tres hijos: Alice, Jimmy y Joe, que, al estar dentro del rango de edad, fue llevado a la fuerza por el ejército norteamericano para formar parte del golpe de estado en Guatemala, en 1954. Por estos años, también el fenómeno migratorio era un verdadero problema para ambas naciones; así que más allá del *Programa bracero* puesto en marcha en 1942, las autoridades mexicanas y las estadunidenses comenzaron a coordinar las deportaciones, vigilando que se respetaran los repechos humanos de cada migrante sin distinciones, mientras eran deportados "de 600 a 1000 migrantes a la semana a Monterrey, Nuevo León; Torreón, Coahuila ó Jiménez, Chihuahua" (Hernández, 243). En esta etapa, el tren fue el medio de transporte más rápido y funcional, antes de que ambas partes afectadas decidieran "en junio de 1951, (...) traslados forzosos diarios en avión de Holtville, California, y Brownsville, Texas, a ciudades del centro de México, como San Luis Potosí, Guadalajara y Guanajuato" (Hernández, 243). Tan sólo en ese año se deportaron a 34 057 mexicanos. Cabe mencionar que en la década de los años 50 nació la primera intención del muro que hoy se está construyendo, ya que se tomó la decisión de colocar malla ciclónica muy peculiar, de hecho:

> La alambrada y los postes que habían mantenido prisioneros a los estadounidenses de origen japonés durante la segunda Guerra Mundial se arrancaron del desierto de Crystal City y se hincaron en las arenas de la frontera méxico-estadounidense para impedir la entrada de los mexicanos, por lo menos a lo largo de 9.33

kilómetros a cada lado del canal All-American, en Calexico, California. (Hernández 248)

En consecuencia, quienes quisieran cruzar la frontera se vieron obligados a poner en peligro la vida por zonas montañosas y el desierto que ha cobrado cada vez más víctimas. Debido a los climas extremos los migrantes mueren deshidratados o por hipotermia, dependiendo del horario en que emprendieran su ruta.

Entre el suceso del regreso masivo de indocumentados, Robles ensambla su historia representando a una más de las familias que lograron establecerse y conseguir una casa con todas las comodidades; incluso los padres conservan el acento español de la zona norte de México y han dejado un poco de esa semilla en sus hijos, que hablan en *spanglish,* dando más diversidad cultural a la puesta en escena. En *Los desarraigados* existe un grupo de personas viviendo bajo un mismo techo, pero es evidente el conflicto interno respecto a la identidad, ya que Alice ha crecido con el estilo de vida americano y prefiere hablar en inglés en todo momento, convencida de que es una estadounidense genuina, considerando incluso en renunciar al apellido de su padre, como a continuación se ejemplifica:

>ALICE: ¡Yo no soy mexicana!
>PANCHO: ¿Enton's qué eres?
>ALICE: ¡Ya te he dicho muchas veces que aquí nací!
>PANCHO: ¡Pero no puedes negar tu raza!... ¡Mírate! ... ¡Mírate bien pa' que no se te olvide que eres prieta como yo!
>ALICE: ¡No! ... ¡Yo no soy prieta como tú y no quiero ser mexicana! ¿Me oyites? ... ¡no quero! ... ¡no quero!
>PANCHO: ... ¿Qué dice?...

ALICE: ¡Lo que oyites! ... por eso me voy a casar con un bolillo, pa' llevar ni siquiera tu apellido, porque enton's voy a dejar de ser Pacheco y seré Smith... *(retrocediendo en dirección a la escalera)* ¿Lo oye? ... ¡Mrs. Smith! *(Sube los escalones y luego volviéndose)* ¡Mrs. Smith! (Robles 152-153)

Situaciones como la apenas citada, convergen con otros casos donde los padres son deportados y sólo los hijos que nacieron de ese lado de la frontera pueden permanecer en territorio estadounidense. Hoy en día, esta familia estaría bajo la lupa de la actual administración, por medio del implacable Servicio de Inmigración y Control de Aduana de EE. UU. mejor conocido como *ICE*, creado en 2003 en consecuencia a los atentados del 11 de septiembre de 2001. De acuerdo con la abogada Patricia M. Corrales, que trabajó para las administraciones de Bill Clinton, George W. Bush y Barack Obama, la violencia con la que ahora se actúa sobre las familias es inaudita, ya que, bajo la consigna de arrestar únicamente a delincuentes, se consiguen arrestos colaterales; es decir, que, si en las diligencias los agentes de *ICE* se encuentran con cualquier persona indocumentada ajena al caso que se esté siguiendo, son también puestas bajo arresto.

Un caso como el de la familia Pacheco no sería prioridad para las administraciones anteriores a Donald Trump, ya que si las personas no tenían antecedentes penales y durante su estancia habían estado pagando sus impuestos, sólo era necesario que se reportaran periódicamente para que la autoridades constataran que no se encontraban en problemas o actividades ilícitas; de este modo, las deportaciones se postergaban; sin embargo, el gobierno actual ha expresado claramente su consigna de cero tolerancia ante los ciudadanos indocumentados.

3

Hasta aquí, se han tomado como ejemplo dos piezas teatrales donde los personajes están ya del otro lado de la frontera; cada una de las familias, aunque en épocas y condiciones distintas, forma parte de las crecientes estadísticas de violación a los derechos humanos. La primera de ellas se desarrolla en las plantaciones con los jornaleros, que son quienes más padecen mayor explotación e incertidumbre laboral, pues sólo en tiempo de cosecha hay empleo y al bajar la producción son muy pocos los trabajadores que se requieren, como es el caso de los más fuertes o quienes produzcan más; obligando al jornalero promedio a buscar trabajo en otras compañías, terminando por emigrar cada vez más al norte, llegando a las grandes ciudades donde los perfiles que buscan las compañías son cada vez más específicos. La segunda pieza muestra una familia que ya vive en la ciudad y que logrado insertarse en la vida estadounidense, aunque no en la mejor de sus facetas. En ella los personajes ven lejanas las raíces de sus padres, incluso no terminan por adoptar una identidad propia y, en el caso de Alice, se manifiesta una repulsión hacia todo lo mexicano.

Con los pies amoratados y las uñas sangrantes, desgarrados de las ropas, sin huellas de tortura o arma de fuego, los cuerpos de los migrantes comenzaron a ser vistos en zonas montañosas, a las orillas del río Bravo y sobre todo en el desierto. Sí, la alambrada fue colocada en zonas estratégicas, dejando libres las partes más peligrosas e inhóspitas de modo que las muertes no son culpa del gobierno estadounidense ni mexicano. Una vez edificada la primera versión del muro que hoy se está construyendo en la frontera, el Servicio de Inmigración y Naturalización (*INS*, por sus siglas en inglés), contemplaba en la limitación fronteriza una clave para frenar el número de cruces ilegales; aun así, las familias y grupos de personas dispuestas a llegar a Estados Unidos siguieron sorteando los riesgos cada vez más letales.

Una vez establecidos los puntos vulnerables en la frontera, se han ido especializando las rutas a seguir, y éstas dependerán del Estado por el cual el grupo de migrantes pretenda ingresar a territorio norteamericano. Una de las rutas más tomada y también una de las más peligrosas, es la que usan los personajes infantiles de la obra *Papá está en la Atlántida* (2006) del dramaturgo Javier Malpica. Las vivencias de esta pieza son encarnadas desde la perspectiva de dos hermanos que apenas tienen 8 y 11 años de edad. Al fallecer su madre, el padre decide emprender el viaje al norte dejando a los pequeños a cargo de su abuela, dándose una primera manifestación de fragmentación familiar.

Además del abandono, temas como el *bullying* acompañan la ingenuidad con la que los dos menores perciben que han sido puestos en un contexto ajeno y violento, obteniendo un ritmo y sentido distintos en dicha puesta en escena. Sabemos de entrada que, al irse, su padre corre peligro y que posiblemente su regreso sea poco probable, así que la obra desde el inicio se respira melancólica en más de un sentido:

<: Extraño a mamá
>: Siempre que era su aniversario papá le regalaba un animal de peluche
<: Extraño el *pay* de limón que hacía
>: Yo no entendía por qué, pero luego me contaron de cómo se conocieron en el zoológico. Les gustaba mucho contar esa historia
<: Una vez le ayudé a hacer un pastel.
(Malpica 26-27)

El título de la obra nos acerca de inmediato al tema migratorio y se puede suponer que todo sucederá en Atlántida; sin embargo, la lectura del guion y desde luego la puesta en escena mantienen al espectador atrapado desde el principio, porque en cada escena los niños hacen uso de la imaginación saltando de un ambiente a otro, incluso son capaces de llevarnos a un partido de *baseball*, como preparándonos para un final trágicamente incierto, con los elementos más básicos sobre el escenario dando un toque minimalista a la escenografía.

Como ya se ha mencionado, el factor sorpresa aquí corre por cuenta de los menores, desde el momento en que no hay necesidad de identificarlos mediante un nombre propio. Es pertinente mencionar que también sobre los pequeños se han centrado las modificaciones a las leyes migratorias, ya que en un principio no cumplían con las características para ser empleados en los Estados Unidos; pues al aprobarse el *programa Bracero,* niños y mujeres no eran admitidos por ningún motivo dejando como únicos candidatos posibles a los hombres mayores de edad, en todo caso, cuando existían lazos familiares,

Papá está en la Atlántida. Compañía: Los pinches chamacos.
Fotografía: Manuel Guevara Villanueva

únicamente eran entre padre e hijo, hermanos, primos, etc. Pero nunca un menor y mucho menos una mujer. Llegó el tiempo en que la patrulla fronteriza sentía culpa o vulnerabilidad cuando. al llevar a cabo una detención, se encontraban presente los más pequeños del núcleo familiar, tomando en cuenta que "la resistencia pública de mujeres y niños convertía a los agentes de la patrulla, encargados de hacer cumplir una ley federal, en hombres avergonzados de su encargo, y creaba un "espectáculo" que alcanzó un grado "insostenible" para la Patrulla Fronteriza" (Snow en Hernández 260). Actos como este convirtieron el límite entre las dos naciones en una zona turística donde incluso los padres iban con sus pequeños en harapos, para mandarlos a pedir limosna o lustrar zapatos, transformando la explotación infantil en un problema más para el gobierno del país vecino, y en un modo de vida para los migrantes en espera de un descuido para cruzar.

Respecto a los protagonistas de la obra de Javier Malpica, la suerte que les espera es distinta y, si tomamos en cuenta que sus nuevos compañeros de escuela los insultan llamándolos *chilangos*, podemos deducir que emigraron de la ciudad utilizando el punto de Nogales, Sonora, para ir en busca de su padre, como a continuación se ejemplifica:

<: Ya no me voy a asomar. Además no debe faltar mucho. Mira. Hice un mapita. Aquí está Hermosillo. Aquí está Nogales. Según yo, vamos por aquí, o sea que no debe faltar mucho.
(…)
<: ¿Sí te fijaste que el camión dijera Nogales?
>: Ya no des lata. Mejor duérmete.
(Malpica 43)

Una vez consultando los datos que los personajes van compartiendo a lo largo de la obra, se concluye que arribaron al desierto por la ruta número 3.

4

Por último y no menos importante, hablaré sobre una obra del dramaturgo Hugo Salcedo, *Invierno* (2002) es un acontecimiento fulminante para el espectador. Un sólo acto sin necesidad de acotaciones para situarnos en el contexto de los personajes. La noche del paraje rocoso al que nos transporta la obra, se antoja tenebrosa y en silencio, con las almas entre la maleza de Esteban, su mujer y un bebé de brazos que aún no puede alimentarse por sí solo. Se encuentran sobre un suelo impregnado de historias, bañado de sangre y con huellas casi en el mismo aire, un pedazo de infierno, en resumidas cuentas.

El miembro más pequeño e indefenso de esa pequeña familia ha muerto debido a lo extremo del trayecto y del clima, la mujer está desesperanzada ante la falta de una señal por parte de los polleros, personajes que hasta ahora no habíamos mencionado y que gran parte de las travesías son coordinadas por ellos, dejando en muchos casos a los migrantes a medio camino, sin importar las circunstancias, con tal de ponerse a salvo ante cualquier sospecha de la cercanía de la *border patrol*; sin embargo, la patrulla fronteriza no es la única que realiza las detenciones, ya que de este lado de la frontera también se logran con éxito algunos operativos, incluso trabajando en conjunto como el del 17 de noviembre de 2019, cuando fue detenida por autoridades migratorias mexicanas y estadounidenses una banda de 13 polleros conformada por 9 mexicanos y 4 extranjeros; rescatando al mismo tiempo a 387 migrantes que en su mayoría eran ciudadanos de Centroamérica. Dicha operación se desarrolló bajo el nombre de "Azul Turquesa". En caso de no haber sido detectados a tiempo, pudieron haber corrido la misma suerte que los personajes de la obra de Hugo Salcedo, que a continuación se ejemplifica:

ESTEBAN. ¡Van a venir por nosotros! ¡No tardamos, nos dijeron! ¡Les pagamos lo que pidieron! ¡Vamos y venimos, nos dijeron! ¡Respira! *(Una luz enorme, cegadora).*

MUJER. ¡Ya llegaron! ¡Ya vienen por nosotros! ¡Aquí estamos, pronto! ¡Mi bebé se muere! ¡Por favor!

VOZ. Don't move. Take it easy! Please. Stay in your place! Don't run.

MUJER. ¡Mi bebé! Por favor. ¡Aquí! ¡Aquí traigo la lechita! ¡Agua, por favor, un poquito así de agua! *(Corre a la luz. Agita las manos).*

Voz. No se mueva, señora. We have a gun. Don't move! *(Un disparo. La mujer se dobla. Silencio largo).* (8)

Sin mayores explicaciones, la obra imprime en la mente de cada espectador una imagen distinta, pero del mismo suceso trágico. La mujer de Esteban murió sin cumplir su sueño americano, ya que en su última conversación se habían imaginado esa estabilidad que buscaban; volvamos en el tiempo, minutos antes de su asesinato:

(Silencio grande. El niño gime).
MUJER: Tiene hambre.
ESTEBAN: Al menos respira. Al menos está aquí, igual que nosotros... esperando. Vas a ver, cuando lo veas yendo a la escuela... cuando lo veas con sus estrellitas en la frente de puntualidad y de buen comportamiento... cuando le hagamos la fiesta de su primer cumpleaños, una fiesta grande, con globos y payasos... Cuando entonces lo veas, vas a ver que bien poco vas a recordar este chico-rato. Aire se te va a hacer en la memoria.
MUJER: *(Triste).* Sí... una fiesta enorme como dices. Una fiesta como nosotros nunca la tuvimos. Todo para borrar estos malos ratos que son como la muerte. Que son para hacer loca a cualquiera... Tan lejos de casa... tan lejos de todo... en el

monte, como animales salvajes... ¿Qué horas han de ser? (3-4)

Es claro que el proceso de inmigración siempre deja secuelas y quien primero las padece es el núcleo familiar. Nada puede cambiar el abrazo en los cumpleaños o en las fiestas de fin de año con las videollamadas o los audios de *WhatsApp*. Las familias se hacen añicos y las leyes migratorias se encargan de que esos cristales informes nunca vuelvan a juntarse. Empero, la zona limítrofe entre ambas naciones no es el único lugar donde suceden las injusticias. El 21 de enero de 2020 la Guardia Nacional –brazo armado del gobierno de Doland Trump en nuestra frontera sur— golpea, retiene y deporta a los migrantes que vienen de Centroamérica, sin tomar en cuenta las recomendaciones de la Comisión Nacional de Derechos Humanos y recibiendo felicitaciones de la administración estadunidense. En grupos de cuarenta personas son trasladados a centros que, ante los ojos del presidente de México, Andrés Manuel López Obrador parecen albergues; sin embargo, las condiciones y el trato cumplen con los estándares de centros de reclusión.

Se ha ofrecido trabajo a los migrantes, creando plazas en sus lugares de origen porque se piensa que el trabajo es el único motivo por el cual abandonan sus tierras. El gobierno de turno es incapaz de contemplar que ya no son suficientes los programas asistencialistas ante la creciente violencia, porque familias enteras huyen con la esperanza de salvar su vida, antes que tener un trabajo digno. El río Suchiate, que separa el territorio mexicano del guatemalteco, es un nuevo escenario de actos desesperados por cruzar la frontera. Es cierto que nuestros paisanos sufren atropellos y actos discriminatorios, pero se está repitiendo ese mismo patrón en el sur del país. La Guardia Nacional actúa como una división más de los *Texas rangers*. Son nuestra *Border patrol* ante el racismo provocado por la polarización que se respira en el México de 2021, donde se rumora que "Juan Trump¨ -sobrenombre puesto por el presidente de E.U. al presidente de México, Andrés Manuel López Obrador- ya no sabe qué hacer, sin embargo, lo cierto es que no existe una estrategia en la que se haya tomado en cuenta el contexto social de cada uno de los migrantes, porque se les mira -en todas las fronteras del mundo- como una cifra en el mejor de los casos y, cuando no es así, son catalogados como una plaga.

Por otra parte, la Casa Blanca se encuentra en una nueva era y, durante los primeros días de la administración del presidente Joe Biden, se han firmado 17 órdenes ejecutivas sobre temas migratorios, donde se protege de la deportación a 650 mil indocumentados que llegaron a Estados Unidos cuando eran niños -*dreamers*- por medio del programa DACA. La construcción del muro ha sido suspendida y se menciona la posibilidad de otorgar la ciudadanía a 11 millones de personas sin papeles en un plazo de 8 años, con una serie de requisitos donde destaca el de no tener antecedentes penales y que sólo aplica para quienes hayan estado físicamente en los Estados Unidos del 1 de enero de 2021 o antes, para evitar una ola migratoria con mayores dimensiones. Finalmente, se han tenido acercamientos cordiales entre la administración Biden y la de la 4T (cuarta transformación) en México, donde hasta el momento la Guardia Nacional sigue haciendo su papel de muro humano en la frontera con Guatemala y se continúa generando caos y violencia, además de la angustia que se vive por los más de 150 mil muertos a causa de la pandemia.

Las obras analizadas en este capítulo son una nueva ventana para ver con otra óptica la desintegración familiar y sus variantes, que padecen nuestros paisanos al irse a los Estados Unidos. Recientemente platiqué con la hermana de uno de mis mejores amigos, que no rebasa los 25 años y que había ido de viaje a Fresno, en California para piscar diversas frutas. Fue tan grato verla viva y de vuelta, que no pude más que escucharla mientras me contaba lo pesado de sus dos jornadas laborales en un sólo día. Pude mirar unas fotos en su celular, con una niebla hermosa escurriendo entre las uvas y ahora que escribo esto, recuerdo ese cansancio en sus ojos, la seriedad con la que me describía su rutina. Ahora está de vuelta y pronto entrará a la universidad, pero cambió un poco a mi parecer. Ya no es la misma, "el sueño americano" me ha quitado a una amiga y me dejó en su lugar a una persona con la intención de volver a cruzar la frontera.

Bibliografía

Bustillo Oro, Juan. *Tres dramas mexicanos: Los que vuelven. Masas. Justicia,* S. A. Cenit, 1933.
Convención sobre los Derechos del Niño. UNICEF, 2006.
Hernández, Kelly Lytle. *¡La Migra! Una historia de la patrulla fronteriza de Estados Unidos,* FCE, 2015.
Malpica, Javier. *Papá está en la Atlántida,* Universidad Autónoma de Nuevo León, 2010.
Robles, J. Humberto, "Los desarraigados". *Teatro Mexicano del Siglo XX,* Tomo IV. Antonio Magaña-Esquivel (compilador). Fondo de Cultura Económica, 1970.
Salcedo, Hugo. "Invierno". *21 obras en un acto,* Conaculta-CENART, 2003.

Representaciones de personajes fronterizos no heteronormados en *La ley del Ranchero* de Hugo Salcedo

Salvador Alexander Juárez Hernández

1. Obra, escenas y montajes

La ley del Ranchero fue escrita en el 2001 y se estrenó en el 2003 en el Teatro Benito Juárez de La Paz, Baja California, por el grupo Altaira. Desde su aparición ha contado con diferentes montajes en todo el país. En una de las realizadas en la Ciudad de Tijuana, Baja California, recibió una placa por llegar a las cien funciones. En 2019, la obra fue montada en el Foro A Poco No por la compañía Festín Efímero Teatro en la Ciudad de México -el análisis que se lleva a cabo en este artículo está basado no sólo en el guion original de Salcedo sino en el montaje y puesta en escena a cargo de esta última agrupación teatral.

La obra, inspirada en un homicidio real, es un acto dividido en siete escenas de las cuales cuatro son monólogos del personaje principal, Kid el ranchero, quien nos cuenta su vida, algunas anécdotas de su infancia y de sus primeras experiencias sexuales. En las otras tres escenas encontramos personajes, que aparecen siempre en parejas, que nos revelarán sus condiciones de vida, sus más grandes anhelos y sus desgracias. La obra sucede durante una noche en la cantina llamada El Ranchero. Se infiere que se encuentra en un lugar de la frontera, así lo confirma el dramaturgo: el bar existe en Tijuana a unas cuantas cuadras de la línea divisoria.

En el drama hay una acción que interviene en todas las escenas y es el hilo conductor: un hombre ha saltado desde la ventana de un tercer piso de un hotel al lado de la cantina. Como avanza la obra descubrimos que el hombre que cayó por la ventana había subido con otra persona a un cuarto para tener un encuentro sexual, y es hasta el final de la obra, en el monólogo de Kid, que sabemos que no fue un accidente ni un suicidio como se había sugerido, sino un homicidio.

Es importante señalar que las escenas donde aparecen las parejas tienen cierta autonomía una de la otra y presentan problemáticas distintas, aunque todas hagan referencia a *una* situación de frontera. La autonomía de cada escena ha permitido su montaje individual. También ha habido montajes, como el realizado por Festín Efímero Teatro, que presentan de manera alternada y casi simultánea las tres escenas con personajes pares. Sin embargo, el texto dramático sugiere su representación con el orden establecido para mantener la tensión y llegar al clímax.

En la primera escena, en un balcón del bar, se encuentran Mayeli y Alfredo. Ellos se conocían anteriormente, habían sido amigos en su juventud, pero esa noche Alfredo no reconoce a Mayeli puesto que se ha operado y cambiado su expresión de género. Mayeli cuenta las dificultades de las operaciones a las cuales se ha sometido. Esta problemática es recurrente en Baja California, en concreto en el municipio Playas de Rosarito, el cual es un destino con alta demanda por las cirugías estéticas que ahí se realizan.

En la segunda escena, en la barra de la planta baja de la cantina, se encuentran Tito y Toto, ellos se acaban de conocer y en la plática se dan cuenta que los dos se dedican a la prostitución y lo que buscan esa noche es un cliente. Tito platica su deseo de cruzar la frontera, y mencionan la inseguridad en la que viven por la violencia y los secuestros exprés.

En la tercera escena, en los baños, se encuentran Max y Mimí. Max está inconsolable y desesperado, pues su amigo es el que ha caído por la ventana. En la desesperación pide ayuda divina y aparece Mimí, que es su ángel de la guarda, un travesti que le promete ayuda a cambio de un beso.

Frontera, migración, teatro

La ley del Ranchero. Compañía: Festín Efímero.
Fotografía: Cesare Gaffurri Oldano

Las tres escenas son cómicas, ácidas y tienen humor de "ambiente". De ambiente es como se definen espacios de convivencia no heteronormados. Si bien no se cuenta con un origen del uso de la palabra ambiente para designar los espacios LGBT, el término está definido muy bien por Monsiváis quien apunta que "Al ámbito de los homosexuales urbanos se le ha llamado el ambiente, el gueto creado por la homofobia y al que describen las libertades expresivas, los gustos compartidos, la creación de modas, las facilidades del ligue y la conformacion de "familias gay" o núcleos amistosos" (146). Estos elementos cómicos de las escenas con personajes pares contrastan y complementan lo trágico de los monólogos de Kid.

2. Sobre la frontera

Los ciudadanos han sido fuertemente estereotipados en ambos lados de la frontera y en ese cruce, no únicamente geográfico, los habitantes de estos límites presentan formas específicas de ser en un espacio determinado.

Las primeras nociones fronterizas se delimitaron relacionándolas con ruptura, mutilación territorial, herida abierta o fractura. Por un tiempo se estereotipó a la frontera, y más del lado mexicano, como la zona de tolerancia:

> En su representación se han utilizado imágenes como la "frontera sodomita" plegada de perversión, inmoralidad, corrupción crueldad e hipocresía. En su escenificación de los valores morales, el polo de la maldad está del lado mexicano, sitio privilegiado para las drogas, la violencia, la prostitución y el narcotráfico. (Klahn en Valenzuela 42)

Si bien en *La ley del Ranchero* no se estereotipa a los personajes, sí aparece un aspecto que atraviesa el texto dramático y es el ejercicio de la violencia. Valenzuela indica que hablar de frontera es hablar de un campo poroso, y sobre todo que presenta atributos cambiantes, por eso es realmente complejo agotar un sólo aspecto de la frontera debido a esta razón.

> [Las] ciudades fronterizas como Tijuana son espacios donde se da una transnacionalización cultural, económica y política del capital tardío, y la migración no se limita a procesos de expulsión y recepción de trabajadores, sino implica la separación nacional de los sitios de producción y reproducción de fuerza de trabajo, y las comunidades "trasnacionalmente constituidas" trascienden los límites del poder de cada estado nacional. Por ello, la frontera se convierte en un sitio liminal donde se forman signos de identidad ajenos a los definidos por los estados nacionales, cuyas capacidades son modificadas por los cam-

bios en las fronteras, que se pueden calificar como de clase, en la doble acepción de clase social y distinción. (Kearney en Valenzuela 50)

Es llamativa la anterior aproximación a la noción de la frontera, ya que desplaza el centro de producción de fuerza de trabajo a las zonas liminares, en donde el poder del Estado se desdibuja. Con esta idea de transnacionalización es con la que se puede abordar la situación de frontera que se presenta en *La ley del Ranchero*, ya que los personajes llevan la frontera con sí mismos, es decir, no únicamente existe una frontera geográfica sino una identitaria. Los personajes se sujetan a la dinámica de vida de la frontera como lo es la maquila, la influencia norteamericana, la precariedad que los restringe; la afluencia tanto de recepción y expulsión de migrantes, es decir, su agencia está determinada por aspectos que les son impuestos desde algo exterior a ellos.

Los habitantes en frontera forman signos de identidad que no son propiamente mexicanos y que no son dados desde el Estado nación, sino son signos que provienen de Estados Unidos como la presencia del idioma, las marcas comerciales, las instituciones norteamericanas o simplemente con el deseo de cruzar, se evidencia esta transnacionalización. A continuación, se analiza la manera en que la frontera se encarna en los personajes de la obra.

3. *Personajes en frontera*

El título hace referencia a las rancherías norteñas, las cuales geográficamente se ubican, o son más comunes, en el norte del país por el tipo de industria, a diferencia de otras regiones. A través de la descripción de la gramática textual se evidencia la presencia de lo extranjerizante de Estados Unidos sobre México y la situación de frontera en la que se encuentran los personajes.

El primero de estos aspectos es el nombre del personaje principal, el ranchero. Su nombre está en inglés, es decir, su identidad, en primera instancia, está dada a partir de esa lengua. Es llamativo el contraste que se activa en la obra, dado que en todo momento Kid presume su orgullo de ser ranchero y se inscribe así en una tradición patriarcal, y su arraigo al terruño, mientras su identidad es definida por Kid, niño en inglés. Este sobrenombre se ve reflejado en la actitud del personaje que actúa como un infante de manera inmadura e impulsiva, en diferentes episodios de su vida, que cuenta en los monólogos, puesto que las demás personas le han resuelto los problemas en los que se ve inmerso.

Los registros lingüísticos del inglés son repetitivos en las enunciaciones de los personajes y por tanto evidencian la presencia de lo extranjerizante sobre el idioma español en la frontera; en la escena dos se encuentran estos registros en los diálogos de Mayeli y Alfredo.

> ALFREDO: (*A la Mayeli, molesto*) ¿Y por qué vienes? Tan fácil llegar, ¿no? Me viste borracho y qué dijiste: de aquí soy. Aquí me le planto ya. ¿No? ¿Qué pasa contigo? Whats happend with you? (…) Good bye mamacita. (Salcedo 33-34)

No se queda únicamente en el registro lingüístico cuando Alfredo usa el inglés, combinado con el español para interpelar a su acompañante, también se convoca a elementos de la cultura estadounidense, por ejemplo, el FBI, *Federal Bureau of Investigation*, la principal agencia de investigación criminal del departamento de justicia de los Estados Unidos: es decir, se recurre a estas instituciones extranjerizantes para expresar su idea.

> ALFREDO: ¿Y por qué me voy a cansar? ¿Y a ti qué si me canso o no me canso? ¿De qué se trata? ¿Eres del FBI o qué rollo? Estás pero si bien tallada. Me

ves aquí y con tan solo con mirarme me haces ya de tu propiedad (...) Acabo de salir de la chamba y...
MAYELI: De la maquila.
ALFREDO: (...) "Miss maquiladora".
(Salcedo 34)

En la cita anterior, además de mencionar el FBI, se enuncia textualmente el espacio de trabajo de Alfredo: la maquila, otra de las industrias características del norte del país; se evidencia de nueva cuenta la presencia del inglés en "miss", señorita maquiladora. Los dos personajes siguen dialogando hasta que Alfredo decide irse, pero Mayeli le recuerda que está lejos de su lugar de origen.

MAYELI: ¿A dónde? ¿Con quién, Alfredo? No hay primos ni sobrinos ni nadie que te espere. La familia está lejos de aquí. A kilómetros y kilómetros. (*Silencio*) ¿Me equivoco? (Salcedo 37)

En la escena cuatro, donde se encuentra Toto y Tito, también hay presencia de registros lingüísticos en inglés, *take it easy, brother* dice uno de los personajes, y se nombra a marcas de Estados Unidos, como es el caso de *Rangers*, la camisa y pantalón que trae Toto son supuestamente de esta marca; incluso el personaje dice que es ropa del otro lado, y señala aspectos positivos del estilo de esa vestimenta. En esta misma escena es donde Tito expresa su deseo de cruzar la frontera.

TITO: A ver *(le aproxima todo el servilletero)*. Quiero un pasaporte vigente con visa láser para cruzarme al otro lado sin que la migra me detenga.
TOTO: Pides milagros. (Salcedo 46)

La ley del Ranchero. Compañía: Festín Efímero.
Fotografía: Cesare Gaffurri Oldano

En estos diálogos se confirma la dificultad de que su deseo se vuelva realidad, casi un milagro. El obstáculo para cruzar del otro lado es la migra, como se le nombra coloquialmente al cuerpo de la policía de inmigración o policía fronteriza de los Estados Unidos. Al igual que el registro lingüístico de *take it easy, brother*, se hace referencia a la cultura estadounidense para hablar sobre la muerte del chico que cayó por la ventana.

> TITO: (…) Una eternidad y el golpe seco, como cuando se te poncha una llanta, en el *free way* a ciento veinte kilómetros por hora. (Salcedo 51)

Los personajes nos abren la posibilidad de pensar en migrantes que pudieron ser deportados y ante las situaciones de precariedad no tuvieron los recursos para tener cierta movilidad, y por ende se quedaron en esa franja fronteriza; así también se puede evidenciar que sus vidas están influenciadas por el idioma del inglés, por marcas e instituciones estadounidenses.

La obra alterna entre los monólogos de Kid y las escenas con los personajes pares. En los monólogos sabemos que el ranchero huye del rancho para no casarse con una mujer con quien tuvo relaciones y la familia de ésta, al enterarse que había perdido su virginidad, presiona a la familia de Kid para que se case con ella. El ranchero llega a la ciudad más cercana -ciudad en la frontera como se ha evidenciado- y es ahí que realiza sus primeras incursiones en la cantina "El Ranchero":

> KID: (…) Hasta que doy de frente con la cantina esa que me llamaba, que me hacía ojitos con su letrero grande y todo. Y que me zambuto. Entré al ranchero para ver si me sentía en casa. Como jinete que vaga por la mañana y encuentra su refugio ¡Y cuál! ¡Qué cosas! Maricones como yerba salvaje, brotando como a campo ra-so. Haciendo Caravanas. Sonriendo como babosos. Sin guitarras, sin razón para que un lugar como ése pudiera llamarse de tal forma.
> Todos provocando a la violencia. Buscándose el desastre. Con la tragedia asomándose en sus orejas. La Mayeli, el Toto, Florcita… a todos llegué a conocer. (Salcedo 55)

En la antepenúltima escena, Max está en una crisis por lo sucedido y pide ayuda a Dios y a todos los santos que no lo culpen por la muerte de su amigo, es cuando aparece Mimí, un travesti que el dramaturgo describe en la didascalia como "coqueta, vestida con estoperoles y brillantes colores. Diamantina en las cejas" (Salcedo 56). Mimí hace referencia al inglés y a la cultura estadounidense para describir su aparición en escena. Cito:

MIMÍ: Vengo dentro de la bolsa de papas fritas, ¿No leíste las instrucciones? ¡Todo gracias a la magia digital! A los FX: efectos especiales. Ni George Lucas hace apariciones tan tecno.

MIMÍ: (…) Yo, como Max Factor: no merezco un trato tan despótico.

MIMÍ: (…) Here I am! Me llamo Mimi.

MIMÍ: (…) Here and now. (Salcedo 57-58)

Max Factor es una compañía de cosméticos que tiene su sede en Estados Unidos, y las frases en inglés y la referencia a George Lucas evidencian esta influencia norteamericana constante en los personajes en frontera.

La presencia del inglés y elementos de la cultura estadounidense responde a lo que menciona Alejandro Lugo sobre el fenómeno de frontera, existe una erosión, a partir del lenguaje "la región fronteriza y la teoría de la frontera pueden erosionar a la hegemonía del centro privilegiado, desnacionalizandolo y deterritorializando el Estado nación y la teoría de la cultura" (65). En *La ley del Ranchero* este espacio de frontera sirve de erosión del Estado nación a través de la presencia de otras formas de ser que no son las dictaminadas desde lo hegemónico del Estado.

En el último monólogo se revela que Kid fue quien aventó al chico por la ventana al sentirse ofendido por su condición de ranchero. Al realizar el homicidio por homofobia, Kid escapa de la escena del crimen sin ningún inconveniente.

Kid, una vez en el rancho, menciona "Mejor aquí que en cualquier otra parte" (Salcedo 62). Cualquier otra parte incluye la frontera, "En el rancho con todo y todo y se está mucho mejor, eso ni quien llegue a ponerlo en duda" (62). En todo momento señala con desdén a lo que se encuentra en este límite, cuando describe la frontera donde se encuentra la cantina y el hotel donde cometió el homicidio, lo hace descalificándolo:

> KID: (...) Era un cuarto peor que establo. Peor que el olor en el chiquero de los puertos de junto. Seguro que con chinches mordiendo los pliegues del colchón. (...) Estando allá en el cuarto ese peor que establo. (...) Por eso me vine definitivo para el rancho. (...) Después, de vez en cuando y pasado un tiempo, pues voy al antro a visitar a los amigos. (...) De lo otro, mejor ni acordarse. Nadie vio a ciencia cierta, nadie supo. (Salcedo 62-66)

Kid se va de la ciudad fronteriza al rancho y queda abierta la posibilidad que en cualquier momento pueda regresar, visitar a los clientes de El Ranchero, y se pueda repetir este tipo de homicidios.

4. *Violencia sobre lo no heteronormado*

Carlos Monsiváis realiza una arqueología de la representación de lo subordinado, es decir, lo que queda a la periferia, y señala los guetos liminares -guetos de todo tipo- como los espacios donde el poder del Estado se desdibuja. Es el caso de los guetos de ambiente que son los espacios de convivencia de la comunidad no heteronormada. *La ley del Ranchero* representa la Ley del patriarcado, misma que descansa o bien tiene sus bases en el origen del Estado nación mexicano; Monsiváis señala que, después de la Revolución Mexicana éste emite el ideal de:

> Hombre Nuevo, consistente en lo básico en la suma de equivalentes civiles de la conducta idea de los militares: valentía

> (ya no suicida), arrojo, fe en el pueblo, virilidad sin mancha, desprecio a la debilidad o blandenguería. Del paisaje mítico de Recios Varones, se desprende el mito nacional y nacionalista el Mexicano Macho hasta las Cachas que la industria cultural prodiga y cuyas referencias aún ahora son tan costosas y trágicas. (56)

Este poder del Estado, y su promoción del ideal de hombre nuevo, y en concreto lo que se espera de la masculinidad, es encarnado por Kid. En la frontera se puede agenciar otras formas de expresión de género, pero son castigadas por desviarse de la heterosexualidad varonil hegemónica, pareciera que el ranchero es el encargado de restablecer el orden perdido a través de la violencia que ejerce sobre los otros personajes.

Kid se identifica con valores como la destreza de la fuerza física, con el éxito de conquista sexual con mujeres, con la herencia masculina, con la valentía, con lo heterosexual: cualidades que constituyen su lógica de ranchero, de macho mexicano y le sorprende que todos sus valores estén descolocados en un lugar de frontera con el mismo nombre, el mismo personaje dice: "sin razón para que un lugar como ése pudiera llamarse de tal forma" (Salcedo 55). La contraparte son los demás varones que no cumplen con las características de la masculinidad hegemónica. Kid los tilda de maricones, yerba salvaje, babosos. Incluso los animaliza:

> KID: (...) Cada uno con sus broncas. Sentados, de pie, deambulando como en pecera, o como en una jaula de zoológico. (...) Se abren tan fácil buscando el peligro, arremolinándose entre ellos mismos como gusanos en comal. (54)

Los personajes de *La ley...* son violentados no únicamente por estar sujetos a la frontera sino también por no responder al ideal de hombre nuevo que impuso el Estado mexicano.

En la obra existe una sistemática de la animalización sobre los personajes. Kid es el único a quien se le pone en relación con los animales machos salvajes, como "resoplido de toro" (62), mientras que todos los demás son relacionados con animales como babosos, gusanos, gallinas, potrillos, becerros, o bien se los relaciona con animales hembras como sucede con el chico asesinado por el ranchero, describiéndolo que tenía "una mirada como de vaca rumbo al matadero" (62). En los diferentes monólogos, Kid cuenta sus experiencias sexuales con los animales a quienes domina y ejerce control como dueño del rancho. A través de la sistemática animalización de los otros personajes es que éste busca imponer su visión de masculinidad, como lo hace en el rancho, como la conducta patriarcal que se espera por parte del Estado nación, a través de la dominación y la violencia.

Monsiváis profundiza sobre la figura del macho mexicano que encarna la visión de la masculinidad del Estado nación:

> El juego industrial del machismo es, por supuesto, escenografía, y no describe ni mínimamente el panorama de una sociedad devastada por el alcoholismo, la violencia familiar, la irresponsabilidad criminal, las riñas mortales, el abuso misógino, las violaciones como "derecho de pernada de todo varón". Derivado nefasto de la revolución mexicana resulta el culto al machismo, una de cuyas consecuencias, no la más relevante, tampoco la menos dañina, es la persecución regocijada de lo diferente y el olvido inánime de los derechos humanos. (57)

Monsiváis menciona al respecto de la visión del patriarcado sobre estos personajes y sus derechos humanos en manera de ironía y crítica: "¿Qué caso tiene? No son humanos y mucho menos compatriotas" (57). Así los juzga el Estado nación, y de esta manera es el proceder de Kid, los deshumaniza y una vez que cometió el homicidio, se deslinda diciendo que "nadie supo nada a bien y acierta y es mejor olvidar" (Salcedo 66). Siempre ve a estos personajes con distancia, recordemos lo que Kid piensa de la cantina: "uno llega a pensar que con ese nombre va a encontrarse a gente como uno" (54), pero se sorprende que no fueran como él.

Es significativo que la obra no se llame únicamente como la cantina, sino que en el título le antecede el sustantivo y el artículo que le corresponde: *La ley*. Esta marca una normativa, o reglamento de conducta social, establecida por una autoridad que puede ser el sistema jurídico del Estado nacional mexicano, o bien costumbres que se vuelven norma; pero, de cualquier manera, implica la conducta heteronormada impuesta como ideal patriótico mexicano, que segrega a la periferia/frontera las conductas, o formas de ser no esperadas, como los guetos de ambiente.

La persona que ha sido asesinada por Kid y, de quien nunca se sabe su nombre, le pide que le cante la canción de "La ley del monte" del intérprete Vicente Fernández que encarna la figura del macho mexicano. El ranchero le contesta que no le va a cantar nada y agrega "Si algo llego a cantarte va a ser *La ley del ranchero*, no la ley de monte. Ni esas pendejadas" (Salcedo, 64). "La ley de ranchero" como analogía de la Ley del Estado nación. Esta idea también la señala Peter Beardsell quien escribió el prólogo del libro y menciona que:

> El título de la obra se refiere a la ley
> de responder con la violencia implícita en
> el juego, de imponerse, a darle a uno un

buen escarmiento, de afirmar el poder físico y confirmar su identidad (...) La Ley del Ranchero es la violencia inherente en el lugar así nombrado. (Beardsell en Salcedo 17)

Kid encarna el ideal de hombre/masculinidad promovido por el Estado nacional mexicano, sin embargo, hay una modificación de este ideal. Por una parte, Kid castiga a quien no cumple este ideal y busca restablecer el desvío de quienes desertan; pero a la vez es incapaz de reconocer otras masculinidades no heteronormativas, como las que conoce en la frontera. Ante esta imposibilidad de reconocimiento se desencadena la violencia hacia los otros, justo en ese trastocamiento en donde los otros llegan a ser muy parecidos a él, o él a ellos.

5. A manera de conclusión

No existe únicamente una frontera geográfica sino una identitaria, los personajes se sujetan a la dinámica de vida de la frontera como lo es la maquila, la influencia norteamericana, la precariedad que los restringe, la afluencia tanto de recepción y expulsión de migrantes, es decir, su agencia está determinada por aspectos que les son impuestos desde algo exterior a ellos. Los habitantes en la frontera forman signos de identidad que no son propiamente mexicanos y que no son dados desde el Estado nación, sino son signos que provienen de Estados Unidos como la presencia *de su* idioma, las marcas comerciales, las instituciones norteamericanas, con el simple deseo de cruzar, se representa esta transnacionalización.

En la obra *La ley del Ranchero*, Kid encarna el ideal de hombre/masculinidad promovido por el Estado nacional mexicano; sin embargo, hay un trastocamiento de este ideal. Por una parte, el ranchero castiga a quien no lo cumple y busca restablecer el desvío de quienes desertan a través de la violencia, la deshumanización y animalización de los otros; pero a la vez Kid es incapaz de reconocer otras masculinidades no heteronormativas, como las que conoce en la frontera, ante esta imposibilidad de reconocimiento se desencadena la violencia.

Los personajes son doblemente violentados, en primera instancia por su situación de frontera y su sujeción a ésta, y por otra parte son violentados por no cumplir con lo esperado en cuanto al ideal de masculinidad promovido por el Estado nación. Sin embargo, es en la franja fronteriza donde pareciera que el poder del Estado se desdibuja y pueden operar otras masculinidades no heteronormadas, pero igualmente violentadas.

Bibliografía

Monsiváis, Carlos. *Que se abra esa puerta*. Paidós, 2010.

Lugo, Alejandro en Michaelsen, Scott. *Teoría de la frontera. Los límites de la política cultural*. Gedisa, 2003.

Salcedo, Hugo. *La ley del Ranchero*. Ediciones El Milagro/CECUT, 2005.

Valenzuela, José Manuel. "Cap. I: Centralidad de las fronteras. Procesos socioculturales en la frontera México-Estados Unidos". *Por las fronteras del norte. Una aproximación cultural a la frontera México- Estados Unidos*. Fondo de Cultura Económica, 2003.

Variaciones de la idea de "la frontera" en algunos textos del teatro mexicano

Hugo Salcedo Larios

Introducción

La producción dramatúrgica y escénica de México ha ido aportando diferentes materiales que se refieren, ya de forma directa o de soslayo, a la relación compleja que tiene este país con los Estados Unidos. Desde el siglo pasado y hasta la actualidad, no dejan de escribirse y -todavía más- de representarse textos que, ubicando su anécdota preferentemente en territorio mexicano, hacen referencia a las condiciones de expulsión de sujetos migrantes, demarcando las propuestas con una estrecha relación del contexto social, económico y político que circunscribe la literatura de este país. En ese sentido puede apuntarse que los trabajos de autoralidad dramatúrgica o espectacular, están dispuestos a no dejar de testimoniar las tensiones, anhelos, frustraciones, etcétera, que los ciudadanos viven en ese escenario "real" y que se plantea a partir de la propia experiencia migratoria que exponen.

Por su parte el literario o escénico es, así pues, un espacio en donde convergen una suerte de circunstancias fortuitas, accidentes, atropellos o desajustes que ponen en situación de vulnerabilidad a los malogrados migrantes ahora ya no sólo mexicanos sino también centroamericanos, caribeños e inclusive provenientes de otras geografías tan distantes como la asiática o africana. Esta movilización se presenta además mediante los *nuevos rostros* del fenómeno en cuestión; es decir, no ya emprendida sólo por los varones jóvenes que todavía en décadas pasadas realizaban la travesía como un ritual de paso para que, mediante su colocación en el mercado de trabajo y el envío de las remesas, pudieran apoyar a la adelgazada economía resentida por sus familias. Se trata ahora también de un largo trayecto realizado por menores de edad que viajan solos, sin la compañía de un adulto, o igual, por familias enteras cuyos integrantes han decidido abandonarlo todo en aras de un proyecto de realización -hipotéticamente- más propicio. Y además ahora, en los tiempos que corren, con la urgente necesidad de buscar otras condiciones económicas en medio de la pandemia del Covid-19 que por su parte expone la vulnerabilidad y carencias de diversa naturaleza. Esta circunstancia obliga a asegurar el trato respetuoso hacia la población en movimiento, reforzar la protección y la garantía de los derechos humanos durante el contexto de la urgencia sanitaria internacional. Sin embargo, en la realidad no sucede de esta manera pues la restricción a los servicios de salud para los inmigrantes irregulares es evidente; además de que con la llegada del demócrata Joe Biden a la presidencia de los Estados Unidos, la reapertura de centros de detención de niñas y niños que emigran, o las deportaciones, siguen su cauce común. Aun cuando se hayan detenido las obras de construcción del muro divisorio, y se anuncia un plan de reforma migratoria "amplia e inclusiva", estas notas se reciben con escepticismo pues la iniciativa debe de sortear un sinnúmero de obstáculos antes de poderse realizar. Y es que apenas conociéndose la idea del nuevo huésped de la Casa Blanca que buscaría naturalizar a once millones de indocumentados, reaccionaron las fuerzas nativistas y extremistas del Partido Republicano quienes, con esta iniciativa, dicen que Biden "coloca los intereses económicos del país y su seguridad en último lugar, en un momento en que debería estar centrado en reabrir las escuelas, ayudar al empleo y derrotar al Covid-19." (*La Jornada*, Web). Sin lugar a duda, de estos convulsos tiempos de crisis ahora también sanitaria, el teatro y sus alcances a través de la teatralidad, construirán otros discursos para mostrar estas "nuevas" condiciones políticas y sus efectos.

  Es comprensible tener en cuenta, por otro lado, que, entre la traslación del acontecer migratorio asentado ya en la nota periodística o en la propia experiencia de los sujetos migrantes y la construcción del documento dramático, la invención se permite (re)crear situaciones que definen el perfil de los personajes con fines elocuentemente escenificables. Considerando este sentido en el tratamiento dramático o espectacular, es que se pretende exponer a continuación una suerte de apreciación que tienen los personajes, acerca de "la frontera" o de "lo fronterizo", colocados en algunos textos seleccionados, con el afán de que puedan definir de manera más clara la caracterización pretendida. Es cierto que no se puede arribar a una noción única e inamovible acerca de la frontera, pues su presencia o apreciación en el personaje se encuentra atravesada por su condición migrante, el sector al que pertenece, sus motivaciones y expectativas, y, en definitiva, por la propia experiencia de vida individual o compartida.

Una idea de la frontera y "lo fronterizo"

Abriendo el nuevo siglo, justo en el año 2000, Javier Perucho publicaba *Los hijos del desastre*, una compilación de textos de ficción preferentemente narrativos, que cuentan las recurrencias e incidencias de la literatura mexicana en torno al asunto de migrantes, pachucos y chicanos, entidades identitarias en todo caso marginadas, en un territorio que les resulta inhóspito o, al menos, muy distinto a su experiencia anterior o familiar. Sin afán de exhaustividad, se pueden leer aquí breves textos de Ignacio Ramírez o Guillermo Prieto, Salvador Novo, Tomás Mojarro o José Juan Tablada, por ejemplo, con cuyas aportaciones se construye un caleidoscopio de personajes ya emigrados o en vías de pretenderlo, y las circunstancias de su acompañamiento.

En este volumen que reúne treinta voces asociantes, Juan Villoro describe la frontera de México con los Estados Unidos como una de las franjas más custodiadas del orbe: "En las noches las luces de los helicópteros barren el desierto alambrado y, bajo tierra, los policías pasean sus linternas sobre las aguas negras (aunque los caños del drenaje han sido enrejados, son muchos los mexicanos que logran llegar a Estados Unidos por el camino de las ratas)" (Villoro 248). Y continúa su comentario focalizando el espacio de llegada en la costa oeste de Estados Unidos, por los mexicanos a quienes ese territorio no les resulta agradable, sino más bien agreste: "En California campea un clima de segregación; East L.A. es la segunda ciudad mexicana y el guacamole es ya la segunda botana consumida durante el domingo de *superbowl*, pero el trabajador indocumentado recibe el nombre de la bestia que infundió el espanto en el espacio exterior; es un *alien*" (248).

Este comentario permite apreciar, en primer lugar, el peligro y vigilancia perenne y, en segundo sitio, el maltrato y discriminación toda vez que ya se han sorteado los inconvenientes y se ha podido ingresar al país "de las realizaciones". La expansión de mexicanos y latinoamericanos en Estados Unidos que arriban a ese país, aprovechando la presencia de otros familiares o conocidos que les brindan la primera acogida, no aseguran en nada la exitosa o por lo menos adecuada inserción. Esto lleva a considerar que aún con el esfuerzo individual o hasta familiar por conseguir el soporte económico suficiente para emprender el viaje al norte, el pago a polleros o traficantes de personas, soportar las inclemencias del tiempo y las enfermedades que pueden agravarse o contraerse en el trayecto, o los imprevistos desagradables que pudieran aparecer en la ruta, no se tiene la última nota. A su llegada en aquel territorio, la discriminación hasta de los propios compatriotas, la deportación, la merma en la salud personal y el ánimo, etcétera, son todavía otros aspectos definitivos que se deben afrontar.

En el teatro mexicano se cuenta con una dramaturgia de largo recorrido cuyo tópico hace referencia a la peregrinación hacia los Estados Unidos; y es tal la cantidad de textos para teatro donde se hacen referencias directas o meras alusiones al suceder migrante, que se antoja vuelta tradición, debido a la reiteración del tema en las numerosas dramaturgias nacionales. Estas presencias resultan, obviamente, de la relación histórica entre ambas naciones que impregnan muchos de los órdenes. Ya desde 1933 con *Los que vuelven* de Juan Bustillo Oro, en la noción que muestran los personajes acerca de "la frontera", se percibe ese punto de cruce necesario, el que separa la tierra de origen, el lugar de nacimiento y residencia, con el espacio distinto, el de llegada, como extranjero y hostil. Lo fronterizo constituye por este camino, más que una espacialidad liminal y geográfica, un no-lugar de carácter emotivo que conlleva a una suerte de descolocación, desubicación y de no-pertenencia. La marca de extranjería impedirá el acceso a los bienes, en principio económicos otrora considerados; y enseguida la acotación de movilidad y hasta la deportación o, incluso, la mutilación del cuerpo y la muerte física. En este sentido pareciera que los personajes no alcanzarán nunca a instalarse apropiadamente en ese territorio, aun cuando inclusive hayan sorteado toda clase de circunstancias y hasta hayan conseguido una residencia legal. *Los que vuelven* son literalmente machacados y expulsados como restos humanos que tampoco merecen una sepultura digna.

De manera menos violenta pero sí con un aire de insatisfacción perenne, sucede por ejemplo en el texto *Los desarraigados* (1955) de J. Humberto Robles. En esta obra el padre de familia que trabaja en un hotel, con mucho esfuerzo ha podido adquirir una casa modesta, nada despreciable, y paga sus impuestos con puntualidad, en una ciudad texana. A pesar de que las condiciones de estancia son -digamos- afortunadas, él mismo no va a sentirse auténticamente cómodo. En esta obra, los papás se manifiestan muy dudosos de la resolución tomada que los llevó a abandonar su lugar de nacimiento:

> PANCHO: No creyas, Aurelia... *(Pausa larga.)* A veces me duele el arrepentimiento...
> AURELIA: *(Después de una pausa.)* No digas eso, Pancho... ¿No somos felices?
> PANCHO: Sí... *(Pausa.)* Semos felices...
> AURELIA: ¿Verdá que sí?
> PANCHO: Dime una cosa, Aurelia. *(Pausa.)* ¿Creyes que de veras puede serse

feliz lejos de la tierra de uno...? Viviendo asina... ¿como animal raro? (Robles 147)

De esta manera los más adultos siguen poniendo en duda aquella decisión migrante de antaño que debieron de tomar. Porque para ellos no se borra la historia previa que se va desgranando, donde va a saberse que el primogénito murió en la guerra de Corea al servicio de los Estados Unidos; y respecto a los que viven en casa, sabremos que otro de los hijos sufre en carne propia los estragos de esa contienda bélica que lo sumen en cuadros de depresión y lucha contra la adicción al alcohol, y la más joven se expresa inconforme porque no logra ingresar auténticamente a la sociedad estadunidense, pero a la vez reniega de forma persistente porque tampoco siente que su raíz se encuentre en el país de nacimiento de sus padres. Quizá entonces el desarraigo sea como ese no-lugar previsto también en la pieza antes referida, un espacio vedado que reafirma de manera constante la condición de exclusión.

La frontera es también entonces esa franja de inestabilidad emotiva. Es un umbral de indeterminación que no advierte un sentido de realización personal y que por eso mismo condena a los personajes a permanecer de forma latente en una etapa de frustración perenne. Aquellas motivaciones de carácter económico que abrieron y empujaron la posibilidad migrante, se cumplen a medias pues son muchas también las carencias que resentirán los personajes aun cuando se encuentran insertos en el ámbito laboral. Y es que efectivamente, lejos de la ficción literaria, la población migrante es muy vulnerable y llega a sufrir en su sólo trayecto todo tipo de atropellos, violaciones o despojos e inclusive la muerte; ya en territorio estadunidense ofrece su mano de obra para cumplir con largas y pesadas jornadas laborales por una paga muy limitada que obliga a vivir en hacinamiento, sin contar con servicios básicos adecuados, sin tiempo propicio para disfrutar del ocio, marginados también por su imposibilidad de comunicarse en la lengua dominante, y –en numerosos casos- con la inquietud por el contrato laboral que puede concluir y no renovarse, el despido, las redadas, o por la imposición de otros controles en las políticas migratorias que obliguen a una eventual deportación.

Esta formulación de "lo fronterizo" asentado sobre un terreno inestable o de vacilación, alcanza su singularidad cuando tiene en cuenta inclusive la intromisión de unos personajes en el desempeño actancial de otros, a merced de los recursos de la literatura fantástica. Los personajes ya finados se vuelven visibles para producir el espanto; éstos vienen de otra dimensión, una más alejada de la comprensible condición humana y pretenden resarcir algunos de los daños que les fueron causados en vida. Así es como aparece en *La vuelta* (2008) de Manuel Talavera Trejo, donde el hijo abandonó a su familia para buscarse sustento en la nación vecina, pero también su huida fue motivada por la burla de los paisanos debido a su condición homosexual en un muy reconocible contexto machista de los pueblos del norte de México, y donde el propio progenitor lo expulsa de la casa. Felipe, el hijo joven, no tuvo un destino agraciado pues en su intento de cruzar a los Estados Unidos fue víctima de una muerte con violencia, convirtiéndose entonces en una especie de alma en pena que regresa al terruño para satisfacer su venganza. Se le revela así a su padre a quien condena a sufrir una vigilia interminable:

>PEDRO: ¡Vete maldito sueño!
>
>FELIPE: No soy un sueño, papá, tú no estás dormido, ya nunca vas a poder dormir.
>
>PEDRO: Cuando te encuentre...
>
>FELIPE: Será inútil que me busques, no vas a encontrarme donde crees, el río me arrastró muy lejos...
>
>PEDRO: ¡Pero, qué...!
>
>FELIPE: Cuando me mataron, solo pensé en venir a joderte. Te voy a ver llo-

rar y jalarte los pelos cuando me identifiques en el anfiteatro... ¡Grita, papá, no te detengas, grita por tu hijo! (Talavera 58 - 59)

La idea de ser parte de una presencia incompleta que va más allá de la integridad vital se observa también en algunos pasajes de *Are you bringing something from Mexico?* (2013) de Daimary Sánchez Moreno. En esta obra John Dor 1 y John Dor 2 son entidades ambulantes que buscan lo que difícilmente van a encontrar. El viejo acompaña y al tiempo alecciona al menor de edad para que el tránsito por ese espacio intangible e inasible no sea tortuoso, sino que resulte ser el canal viable para alcanzar una resignación que conduzca a la ecuanimidad, si es que acaso es posible encontrarla más allá de la existencia humana conocida. Y es que ya en su andar por el desierto rumbo a los Estados Unidos, ambos están muertos, pero sólo uno, el de más edad, está consciente de esta condición.

JOHN DOR 1: Tú y yo estamos enterrados ahí, muchacho, entiende. Por eso te traje para acá. Tú te moriste en el campo cuando ibas rumbo a Los Ángeles, y yo aquí cuando me vine a buscar a mi chamaca, pero mi cuerpo quedó por un lado y yo por otro.
[...]
JOHN DOR 1: Caminas encorvado y con la mirada vaga, los únicos que caminan así son los muertos. (Sánchez 21)

Son una especie de ánimas en pena, incompletas que, al parecer, mediante el efecto traumático de la muerte resentida, han olvidado quiénes son, qué buscan exactamente y hacia dónde se dirigen. Por eso encuentran necesario reanudar los pasos para refrescarse la memoria, hacer recuento del pasado, darse cuenta de quiénes son ahora y aceptar esa condición inmaterial. Las razones de la muerte poco importan: "JOHN DOR 1: [...] te mató el cansancio, el calor, un animal, un gabacho, o ve tú a saber qué" (31); lo que sí interesa es enterarse de esa situación para recuperar la parte de la memoria olvidada y lograr reconocer entonces lo que realmente se busca. En la propuesta metafísica de la dramaturga, ésta es la única opción para cerrar el círculo y alcanzar la paz.

Violencia y vulnerabilidad

Con seguridad la presencia y persistencia de la violencia es la característica más recurrente en la dramaturgia de México que se refiere al tema de la frontera y el tránsito migratorio. La presencia contundente de la violencia y sus efectos sobre los cuerpos vulnerables son material recurrente que cimienta los dramas en cuestión.

En este apartado caben muchas, por no decir la mayoría de las piezas cuyo tema gira en torno a la migración. La violencia preferentemente explícita que llega a resentirse en algún momento de la trayectoria de los personajes quienes auténticamente son perseguidos, golpeados, abusados, baleados, ahogados... La frontera se erige entonces con una carga de alta peligrosidad que lejos de contener la voluntad migrante, la anima. Estamos ante una suerte de aversión que directa o indirectamente se busca, como queriendo comprender que el encuentro con ésta resultará en una experiencia de fortalecimiento. El fracaso es una altísima posibilidad que se advierte, pero al tiempo se niega, pues el "otro lado" representa -al menos en el pensamiento de los migrantes- la bonanza económica y la posibilidad de un cambio de situación muy atractivo.

Por otra parte, resulta también relevante notar que el teatro es elocuente con el contexto de realidad que circunda a los "sin papeles". Las noticias cotidianas del devenir fronterizo son material de inspiración o apropiación para que la dramaturgia mexicana realice sus aportaciones. De esta manera, por ejemplo, *Los ilegales* (1979) de

Víctor Hugo Rascón Banda, se despliega a partir de recursos propios del teatro documental. En la obra aparece el Informante que, mediante la demolición de la cuarta pared para evitar cualquier cuota de ficción, comunica a los espectadores fragmentos de noticias reales extraídas de los medios de comunicación de la época que replican las iniciativas de los Estados Unidos para repeler el ingreso de personas: "El gobierno norteamericano anunció su decisión de construir vallas metálicas a lo largo de su frontera con México, para contener la migración de trabajadores indocumentados mexicanos. La cerca metálica está precedida por un notable aumento de la fuerza policiaca fronteriza, caracterizada por su agresividad" (Rascón Banda 35). Este personaje también da razón de otras noticias relacionadas con la tasa de desempleo nacional en la época de factura del texto: "El Banco Mexicano de Crédito Rural descubrió que de los 7 millones y medio de campesinos en edad de trabajar, más de 5 millones son desempleados o subempleados" (43), o de los actos delictivos que se cuentan en el texto dramático: "Ilegales torturados en Arizona por George Hannigan (Riquísimo granjero, expresidente de la Junta Republicana en su Distrito) y sus dos hijos" (89). Las intervenciones del Informante van hilvanando cada una de las escenas y son propicias para la reflexión del público más allá de la carga de ficción del hecho dramático. Realidad y teatro se conjugan para ofrecer un espectáculo sensible que apela de forma tan directa a la visibilidad y la consideración de la situación migrante.

Cierta influencia por este tipo de exposición que despega a partir de hechos verificables, se advierte en la nota de prensa que, como un epígrafe, abre *El viaje de los cantores* (1989) de Hugo Salcedo. La pieza construye una ficción detonada por un real suceso trágico, de muerte por asfixia, donde dieciocho inmigrantes perecen adentro de un vagón de tren cerrado por fuera por un contrabandista de personas. El tren había partido, ya en territorio de Estados Unidos cerca de la frontera texana, y se dirigía rumbo a Dallas; pero una avería detectada por el maquinista lo obligó a aparcar el convoy en una vía auxiliar sin percatarse de que en uno de los compartimentos viajaban escondidas cerca de una veintena de personas, exponiéndolos de esta manera a una temperatura veraniega del desierto, superior a los cuarenta grados centígrados. El calor y el hacinamiento convirtieron el tren en una trampa sin salida. Si bien el texto dramático reconoce, decíamos, su origen a partir de la noticia publicada en julio de 1987 y que dio la vuelta al mundo, la pieza retoma el hecho y a partir de éste construye una ficción tristemente repetida no sólo en el contexto mexicano sino comprendida también en otras geografías del mundo donde la necesidad de desplazarse para huir de las guerras, los desastres naturales, el desempleo o la hambruna, acaba con la vida y con toda aspiración legítima de un cambio. La huida se convierte en el auténtico encuentro con la muerte. Lo incomprensible del caso, alejado de toda marca de ficción, no es el suceso trágico en sí, sino además las condiciones de la realidad cruda y dura que hace que estos hechos, de alguna u otra medida, se sigan repitiendo.

Hilaridad y esquizofrenia

Hay el presentimiento de una pulsación de deseo en toda intencionalidad migrante: se va al encuentro de algo que no se tiene, sea la promesa de mejores ingresos que habrá de derivar en una mejoría en la calidad de vida, la realización de estudios, el afán de reagrupación familiar, la aventura como un rito de paso, etcétera. Sin embargo, para quienes se encuentran asentados en territorio mexicano en alguna población a lo largo de esta geografía liminal y tienen la posibilidad del movimiento trasnacional documentado, puede resultar en tedio el cotidiano cruce fronterizo. La monotonía deviene en fastidio a razón del desgaste por la pérdida de tiempo para realizar este tránsito frecuente, aun cuando se deba llevar a cabo para asistir al *College*, trabajar o realizar la compra semanal del supermercado, llenar el tanque del vehículo de gasolina, acudir a la cita médica, visitar a un familiar convaleciente, etcétera. "La puerta fronteriza de América Latina" que representa, por ejemplo Tijuana – San Ysidro, considerada como la más transitada del planeta, se expone también a contingencias ambientales o accidentes de tránsito, el abarrotamiento peatonal y vehicular, manifestaciones, accidentes de tránsito o amenazas a cierres temporales o parciales que ralentizan el flujo de personas, vehículos y mercancías.

Lo paradójico es que esta condición de posibilidad de ir y venir de un país a otro de forma tan común y habitual que para millones de personas resultaría envidiable, para otros no deja de ser una actividad cansina que han de soportar como una obligación. Y es precisamente esta cualidad la que se refleja con brotes de hilaridad en algunas piezas dramáticas. Ya Héctor Azar advertía para *Sinfonía en una botella* (1990) de Hugo Salcedo, cuando la describe como una pieza que:

> Toca los límites del esperpento clasemediero contemporáneo; ese que se regodea transitando por las rutas del *american-way-of-life* hasta llegar a los extremos fracturados de lo humano ridículo. La pulsación intermitente de la banalidad igual que la pujanza de la cultura que huye para emprender la captura que, a pesar de lo humano propio, le resultan ajenas. Quiero creer que esta *Sinfonía* es una especie de canto gregoriano de la identidad perdida, igual que salmo pulverizado y entonado por algún "ángel de la independencia" que alzó el vuelo. El aria de la locura familiar donde la patria concluye. (Azar en Salcedo 11)

Podríamos señalar que esta obra dramática es una suerte de ocurrencia anecdótica derivada del ambiente completamente alocado que se vive en el preciso punto del cruce peatonal y vehicular, tan real como cotidiano. El envolvente espacio dramático se describe con elocuencia en la didascalia inicial:

> En la línea: el cruce fronterizo Tijuana-San Ysidro. En el escenario hay muchos automóviles que hacen cola para pasar a los Estados Unidos. [...]. Todos tienen el volumen muy alto de sus radios y no podemos, a primera vista, darnos cuenta de lo que ellos platican. Hay de todas las melodías imaginables: desde la voz de Tony Aguilar que al ritmo de tambora interpreta "Tristes recuerdos", hasta la música del grupo *Depeche Mode* que canta su "Personal Jesus". En primer plano auditivo, las notas del *Benvenuto Cellini*, Op. 23 de H. Berlioz. (Salcedo 77-78)

Esta cacofonía que ironiza, en principio, con la noción de "Sinfonía" o composición musical selecta, sirve para demarcar la aglomeración auditiva y emotiva que deviene en confusiones y sinsentidos, pues el sustento de arranque de la pieza es que los automóviles se encontrarán varados debido al cierre de la frontera. Esta determinación anunciada por unos altavoces obligará a los ocupantes de sus vehículos a que deban relacionarse unos con otros dejando entrever de cada uno de ellos sus particulares problemas, miedos, anhelos y frustraciones escondidas.

A título más personal menciono que el ejercicio de esa escritura dramática epocal de fines de los ochenta y principio de los años noventa del siglo pasado, eligió conscientemente hablar de la complejidad de la frontera mediante tres textos estructuralmente distintos y colocados con énfasis prismático de diversidad de tratamientos al trasunto fronterizo "méxico-americano". De esta manera se concibieron y escribieron tres obras dramáticas, muy distantes en su tratamiento, cuyo estudio acerca del contraste estilístico, todavía hace falta abordar. Las obras en cuestión son las ya mencionadas: *El viaje de los cantores* (1989) y *Sinfonía en una botella* (1990), a las que se suma el drama alegórico *Arde el desierto con los vientos que vienen del sur* (1989). Esta última pieza bordea uno de los mitos -igualmente fronterizo- de la fundación de Tijuana beneficiada con la traza de la línea internacional, colocada en una temporalidad del siglo diecinueve, dando pauta al ambiente desértico que contiene aspectos del cuatrero como personaje, la búsqueda del "amor ideal" y la fiebre del oro. En resumen, esta trilogía representa una elocución en torno a cierta formulación dramatúrgica de la vida fronteriza particularmente en el espacio geográfico de las Californias pero, ante todo, considera algunas de las diversas aristas de la dinámica fronteriza.

Por otro lado, en las aportaciones dramáticas de Gerardo Navarro aflora con mayor generosidad el ambiente de confusión y desorden mental como un efecto de "lo fronterizo" incidente en el sujeto. Este mismo autor, autodefinido como "gitano fronterizo", participó no solamente de la elaboración de sus textos dramáticos, sino que ha sido el actor y director de algunos de ellos. Esta peculiaridad permite que la lectura escénica sea más fiel a la idea de su autor que, decíamos, es él mismo. Sus piezas muestran rasgos de un desorden mental enfermizo que se exponen mediante la sobreposición de planos, de estados de la conciencia o de situaciones cargadas de una violencia francamente exacerbada. *Hotel de cristal* (1997), por ejemplo, se escribe con un lenguaje particularísimo y distinto a cualquiera presente en las piezas antes anotadas, que coloca el *spanglish* o *espanglés* como la mejor forma de enunciación, no como una experimentación formal sino como el retrato de una modalidad expresiva emergente que busca su colocación como un medio para comunicar de manera efectiva. Añadido a esto, aparece también la marca de una violencia terrible que, a pesar de la brevedad de la obra, hace aflorar una de las partes más oscuras y enfermas de los seres humanos. En esta pieza el Morro, un chico tijuanense, taquero de oficio e hijo de un carnicero, cobra venganza en el cuerpo del Gringo, un veterano de origen hispano que peleó en la invasión a Panamá. Luego de un diálogo ríspido en un cuartucho apenas alumbrado y después de que el Gringo expresa su urgencia sexual, el Morro lo paraliza mediante un químico que le ha dado a inhalar, y planea partirlo y comérselo en pedacitos. El joven caníbal utiliza al Gringo para desquitar su rabia con la vida:

> Te lo digo de una vez: lo que has estado fumando no es cristal, es otra cosa que paraliza; es para embalsamar muertos. *(Pausa.)* Esta noche te voy a dar una verdadera lección de horror; te voy a enseñar el demonio que llevo dentro... *(Pausa.)* Por eso las películas son mejores que la vida, ellas traen títulos al final, pero la vida puede ser cruel, nomás se termina y ni siquiera se despide como el Judas. (Navarro 83)

El *Hotel de cristal* es el lugar de paso para los encuentros íntimos fortuitos como clandestinos, y a la vez es el frágil espacio para la corporeización de la pesadilla, el lugar para el mundo alucinante y terrible. La droga conocida como *cristal* es el camino que conduce al infierno no ya metafórico sino real, que se personifica con el acto del desmembramiento del cuerpo o el canibalismo.

Este mismo autor cuenta con *Schizoethnic* (2002). Como la anterior, esta es también una pieza de breve extensión. La historia se desarrolla debajo de un puente, del lado estadunidense, en el estado de California y cerca del océano. La brevedad es quizá la manera más idónea de exposición, pues atendiendo a la crueldad o tremendismo de su esencia, una obra de mayor aliento quizá sería de difícil apreciación.

En *Schizoetnic* la descripción de los dos únicos personajes interpretados por un solo actor o actriz, marcan precisamente el fluir de la caracterología de uno a otro, y el empalme de uno en/con el otro. La caracterización de personaje(s), traza un viaje que oscilaría en los linderos de la esquizofrenia. Es una estrategia retadora para el desempeño actoral pero que al mismo tiempo refuerza la tesis del delirio. En la acotación inicial se lee:

> *William y Víctor son representados por un solo actor o actriz (que le daría mayor tensión dramática a los dos personajes masculinos.) Una diagonal divide en dos al actor. La mitad de Williams lleva shorts de playa y camisa hawaiana, lleva reloj formal y calza sandalia. Su cabello es rubio. La mitad de Víctor viste guayabera y pantalón tipo "guango" y bota vaquera "picuda". Su cabello es negro. Cuando habla Víctor, el actor se voltea y muestra su lado izquierdo. Cuando habla William, el actor muestra el lado derecho. Víctor y William deben tener voces y acentos diferentes. William, con acento de gringo queriendo hablar español. Víctor con acento fronterizo (chicano-norteño)* (Navarro 59).

El desdoblamiento o la dualidad en pugna, según se vea, bifurcan el estadio unívoco del personaje marcando dos niveles que se complementan pero que en la división explican la angustia del ser y devenir fronterizo.

Utilizando recursos completamente distintos, *Aquerón: El río de la tragedia* (2010) de Xavier Villanova, presenta la dislocación de la línea dramática convencional que se aproxima precisamente a esa condición narrativa de confusión o esquizofrenia. Y hacemos notar esta característica de la diégesis pues su exposición prefiere el soliloquio, aunque aparecen, muy a cuenta gotas, algunos breves diálogos entre los dos únicos personajes que intervienen. La economía de personajes, igual que en el caso de Navarro, fortalecen la rigidez de la anécdota que a su vez obliga a un balance en el juego actoral.

Una de las tantas posibles lecturas de esta pieza es la de tensión y violencia que se ejerce en la franja fronteriza contra los indocumentados o los transgresores de la ley. Puede, sin embargo, marcarnos un desdoblamiento nada convencional, a partir del reiterado -y supuesto- encuentro entre el desorientado Leonardo y el siempre triunfante Nicanor. Ellos se interceptan constantemente en espacios de indeterminación que colocan la propuesta en espacios como el mausoleo que abre y cierra la pieza, la cubierta de un barco o en las orillas del río limítrofe entre ambas naciones. El estilo conforma un lienzo que prefiere lo intangible a la concreción del realismo. La tesitura del texto es porosa y ambigua, al igual que cierta apreciación de la frontera real. Los personajes establecen un contraste de edad y de firmeza de carácter: uno es apenas veinteañero y el otro rebasa los treinta; uno es dubitativo y el otro se maneja con aplomo; el mayor ejerce la violencia física mientras el menor es sobajado de forma reiterada y absurda. Nicanor abofetea y golpea hasta la inconciencia al joven taciturno y a veces nervioso Leonardo que en algún momento evidencia su condición de "mula"; es decir, de servir para el traslado de pequeñas cantidades de droga entre un país y otro, razón que lo coloca para recibir los estragos del sacrificio cuando es descubierto. Pero a veces Leonardo parece un migrante más que busca la manera de colarse a la nación vecina, mientras Nicanor se advierte como guardia fronterizo, enganchador o coyote, proporcionando más incertidumbre que certeza anecdótica.

Hemos mencionado antes la idea de una lectura posible, pues en este drama, la autoría seguramente quiere reconocer el grado de indeterminación que no se apega a un molde, a una sola cara del acontecer fronterizo donde lo imperante es la falta de asidero seguro, y en donde tampoco se puede llegar a la respuesta exacta. Lo más es la violencia que se manifiesta muchas de las veces de manera incomprensible. Por otro lado, y para complementar esta idea, puede ser que estemos ante el original y su doble, frente el positivo y su copia, pues en *Aquerón* podría también tratarse, como en el caso de la última obra de Navarro referida, de una presencia que se desdobla en su contrario, mostrando la esquizofrenia del personaje que a la vez refleja un "estar siendo" de la frontera como algo caótico, inasible y confuso.

Corrupción, farsa y locura

La corrupción extendida del país latinoamericano que se manifiesta en muchos puntos y bajo diferentes tratamientos en el rico lienzo dramatúrgico nacional, no es limitante al tópico de la frontera. Es, sin embargo, precisamente en esta elección en donde hace un profundo calado pues presenta las condiciones, decíamos, de expulsión de migrantes que en su afán van a colocarse en un espacio de mayor indefensión y vulnerabilidad.

El teatro es crisol, lugar de la alquimia que muestra los rostros de la violencia y sus dinámicas en el acontecer de la frontera que no se detiene ni en aspectos de edad, raza o condición sexo genérica. La necedad y cerrazón practican maneras diversas de contener, oprimir, explotar, herir o aniquilar a quienes pretenden un ingreso al otrora conocido como "el país de las oportunidades" que habría que considerarse también como el de los sueños rotos o como el del racismo y xenofobia rampantes.

Por este camino, otro texto de Gerardo Navarro, *Yonke humano* (2009), si bien no refiere directamente el asunto del tránsito hacia los Estados Unidos, sí refleja el nivel de corrupción y podredumbre en una ciudad de frontera como Tijuana, y en una temporalidad apocalíptica. La pieza es veloz en su exposición y eleva a nivel de caricatura mordaz los periplos del suceso en la frontera, la geografía por la que han de pasar los migrantes. Mediante la confección de un auténtico bestiario, el texto descubre una cara resentida pero débilmente oculta de la corrupción y el delito impune, en un ambiente de sudor y temperatura extrema, muy presentes durante toda la obra.

Ahora bien, alejados del dibujo colorido pero muy cercanos a la crítica mordaz en los espacios para la detención de inmigrantes indocumentados en Arizona, *Arde Fénix* (2011) de Agustín Meléndez Eyraud, visibiliza las injusticias y chantajes dentro del propio corporativo estadunidense. Los agentes latinos alardean de su función represora y de las leyes desvelando, como sin quererlo, las marcas del clasismo, el racismo y la discriminación que imponen en su día a día, como un ejemplo palpable del sistema falocéntrico en conjunto y la corrupción que lo sostiene. Los personajes agentes migratorios, ella y él, son una muestra del experimento racista levantado contra los latinoamericanos primero, pero contra la extranjería en general. Las características evidentes del color de piel o de los ojos, y el limitado o nulo conocimiento del inglés, son las pistas para detectar al siempre escurridizo inmigrante, y enseguida clasificarlo, burlarse de su condición y de sus prácticas, y confinarlo o expulsarlo del país. Esta obra se asoma a las condiciones laborales y las apreciaciones de aquellos latinos quienes tienen un trabajo normal dentro del corporativo de seguridad, pero hacen alusión a una muy marcada distinción racial, en una suerte de ridículas castas que se construyen a partir de la mirada xenófoba tan naturalizada en muchos sectores.

Al lugar de resguardo para personas indocumentadas en Arizona, traen al Detenido, un ciudadano estadunidense que, por no responder al pretendido perfil, ya lo tienen preso. Aunque él es de piel blanca y tiene los ojos azules; es decir tiene una apariencia de gringo, no habla inglés:

> DETENIDO: No. Soy norteamericano. Pero no traje papeles. Vivo en Tijuana. Pero nací en Estados Unidos. Mis papás son americanos. Pero yo crecí en México. Allá me crie. No hablo inglés. Muy poquito. Vine a Arizona a visitar a mi amigo. A mi amigo lo mataron. Lo mató

el agente Rodríguez. (Meléndez Eyraud 51)

Por su parte Guillermo Alanís Ocaña en *De acá de este lado* (1988), refuerza la tesis de que el divertimento llevado hasta la locura se regodea en la mente de algunos de sus personajes, mostrando el rostro hilarante del acontecer en la frontera, y sus derivaciones particulares en el plano de la familia. El tono irónico se advierte desde la ubicación que proporciona el texto para el desarrollo de la trama: "Poblado de un país subdesarrollado, fronterizo, con una potencia mundial" (1). La pieza se ha representado en distintas localidades de México y Estados Unidos, con sobrada aceptación por la audiencia. Antonio Méndez Soriano realiza una muy adecuada relatoría del texto, cuando se representó en Baja California Sur:

> La familia disfuncional relata que el hijo mayor, fue enviado por la madre a los Estados Unidos para lograr el sueño americano, y en su partida les hizo la promesa de que se haría millonario y que a la madre le daría el estatus de alta élite que siempre ha soñado, sin embargo, el tiempo pasa y el hijo jamás regresó al hogar y mientras tanto, la madre con sus dos hijos, se debatían entre la ambición, la miseria y el hambre.
>
> Durante el tiempo que duró el encierro, la madre tenía la esperanza de ser ricos sin trabajar, sin hacer nada por sus vidas, los hijos no tenían permitido acudir a las fiestas tradicionales, o al templo para visitar a la virgen, esperaban ansiosos la llegada del hijo que los sacaría de la pobreza y así, comprar restaurantes y muchas comodidades.

Para suponer que estaban en las fiestas de independencia, hicieron un teatro en el que el hijo era el presidente, mientras que la madre y la hija eran el pueblo, distrayendo de esta forma el hambre y anidando un mayor orgullo interno, así llegó el Día de las Madres y en su debilidad por la falta de alimento, alucinaban los más exquisitos manjares.

Desesperados los hijos por el encierro, cuando llegó el Día de la Virgen, se rebelaron y pedían a la madre los dejara visitar el templo, pero le vino la idea de hacer que el hijo fuera un sacerdote y de esta forma, hicieron el teatro de la confesión en la que participó primero la madre que expresó las razones de su soledad. Tocó el turno a la hija quien con singular picardía confesó sus pecados al hermano hasta revelarle que lo deseaba como un efecto del abandono, el orgullo y la soberbia de la madre que culminó con el incesto, y al final, ambos deciden ahorcar a la madre que como colofón de la obra, la vecina entró cual metiche preocupada por los demás y la descubrió dormida, al despertar, le reveló que tuvo un sueño, dramático al fin pero educativo, reflexionado que enviaría a su hijo mayor a Estados Unidos y que Dios bendiga a los De acá de este lado. (Web)

El tono exacerbado de los acontecimientos propicia la nota desparpajada y cruel de la conducta de los personajes holgazanes y convenencieros. Aquí se manifiesta otro rostro, ahora no el de los que se van o el de los que vuelven, sino el de aquellos que se quedan esperando, pero con los brazos cruzados, a que les lleguen las ansiadas remesas que los hagan absolutamente salir de la pobreza. La tonalidad de esta farsa recuerda la sombría exposición de *La noche de los asesinos* del cubano José Triana en donde los hermanos se rebelan a la autoridad que representan los padres, y les dan muerte, repitiendo el simulacro ante la mirada atónita del espectador. El recurso de la metateatralidad presente en ambos dramas, propicia el desarrollo de un juego de re-presentaciones en perspectiva, resultando en la elocuencia acerca de los rasgos de los personajes. *De acá de este lado* denuncia a una clase mexicana perezosa y mantenida.

Para cerrar este recorrido mencionamos finalmente al texto y espectáculo realizado en el Estado de Jalisco *Ilegales* (2019). La versión de coautoría múltiple a partir del texto "Un país en sueños" de Freddy Chipana y Andrea Riera marcan una serie de situaciones del evento migrante, sin dejar de mostrar la nota entrañable entre las personas, o la idea de logro económico o social en el país de acogida. Es esta una mirada tierna pero ingenua si consideramos el largo periplo de la propia población migrante que bien se sabe, y de su historial construido a lo largo de décadas. En la escena inicial de esta obra, Julia atiende la llamada de Luis:

> LUIS: Ya estoy en California, he conseguido trabajo, no te vayas a preocupar, a mi apá, dile que estoy bien, a mi amá dile que la extraño mucho, que le voy a mandar dinero para que se ponga un negocio, para que se compre su lavadora; Julia, voy a ahorrar para que se vengan, este país es lindo, es otra cosa, es mejor que el nuestro, al menos aquí uno no se muere de

> hambre, las extraño mucho, me hacen mucha falta. En un año más o menos yo pienso que ya van a estar conmigo. Julia ¿me extrañas? (3)

En esta primera entrada textual se dan cita muchas de las coordenadas determinadas en otras tantas variaciones dramáticas del tema al que aludimos. Se advierte primeramente la información que seguramente reconforta a quien escucha; se dice de la nueva ubicación -en California- dejando de lado ya la incertidumbre por los probables y variados accidentes que se podrían sufrir durante el trayecto. También se informa, aunque no se especifique suficiente, que ya se cuenta con un puesto de trabajo que, con algo de esfuerzo, permitirá no sólo el envío de las necesarias remesas para el sostén familiar, sino que propiciará en un futuro la reagrupación en esa nueva y promisoria geografía. Aparece también la nota de nostalgia ante la ausencia física y que ya desde *Los que vuelven*, con mayor o menor intensidad, se hace presente en casi la totalidad de los tratamientos literarios.

En *Ilegales*, el ensimismamiento a partir del diálogo telefónico de Luis con su amada Julia va a interrumpirse por el grito del capataz, marcando un contraste de afectación reflexiva en la audiencia: "Get to work you fucking illegal! Faster!" (3). Esta nota estridente hace volver los ojos a la realidad dura del trabajador que emigra, a quien se le denomina "ilegal"; es decir, colocado fuera del orden y la ley, como un delincuente. Lo ridículo de este caso es que son el capataz y el patrón por extensión, quienes se convierten en los auténticos ilegales al contratar a personas "sin papeles" y disponiendo de muy largas jornadas laborales con sueldos por debajo de lo estipulado.

La promesa de reunión familiar quedará sin cumplirse pues Luis, por múltiple cualquier razón, perecerá en el "lado americano", dejando huérfana a su pequeña hija:

> LUIS: Julia, los que hemos muerto lejos de la patria estamos volviendo, que ya

no lloren nuestros hijos porque estamos regresando, que las flores sean para el retorno y si alguien llora que sea de felicidad, no quiero volver a un país desgraciado. Este es mi país, por el que me muero, ¡México lindo y querido, si muero lejos de ti, que digan que estoy dormido y que me traigan a ti!

JULIA: De tan mal que comía empezó a enfermarse, no tenía documentos, era ilegal, no tenía nada ni a nadie, estaba solito, tan lejos, no quería gastar porque creía que nos dejaba sin comer, así enfermo trabajaba, hasta que empeoró, en la pequeña cama donde dormía se murió sin nadie que le llorara. Cuando llegó lo enterramos en su país de mierda como lo llamaba él. (4)

Hay evidentemente un tono de exaltación romántica que contrapone radicalmente cada uno de los escenarios descritos, pues no hace referencia a las redes construidas entre la población migrante de origen mexicano, sobre todo en sitios como California. La añoranza y la nostalgia se describen a flor de piel; sin embargo, son elocuentes testigos de la penuria extendida y las condiciones paupérrimas en las que se vive en "el otro lado". La alusión dirigida de forma tan directa y clara al espectador construye una relación muy estrecha ante un fenómeno por todos conocido.

Ahora bien, la riqueza de este texto la consideramos al hilar, dentro de su exposición, un tratamiento completamente distinto. En la obra y el espectáculo hay un viraje de timón muy atractivo, al pasar de lo ceremonioso y nostálgico, a la edificación de lo ridículo. Por este canal, como estrategia, se exponen por ejemplo las dificultades para los trámites de visado:

LUISA. Disculpe he venido a sacar mi visa.

VOZ *(en off)*: Tiene que traer los formularios a, b, c, d, e, f, g, h, i, j, k. Certificados 1, 2, 3, 4, 5, 6, 7, 8, 9, 10, 11, 12 y fotos 2 or 2, 3 por 3, 4 por 4, 5 por 5, 25 juegos de fotocopias legalizadas ¿ha entendido? ¿Formularios?

LUISA: A, b, c, d, e, f, g, h, i, j, k.

VOZ *(en off)*: ¿Certificados?

LUISA: 1, 2, 3, 4, 5, 6, 7, 8, 9, 10, 11, 12.

VOZ *(en off)*: ¿Y?

LUISA: Fotos 2 por 2, 3 por 3, 4 por 4, 5 por 5, 25 fotocopias legalizadas.

VOZ *(en off)*: Muy bien, regrese en dos años y medio. (8)

La indeterminación de la presencia administrativa a quien sólo escuchamos "en off" y la exageración de los requerimientos para avanzar en el trámite, construyen una atmósfera hilarante propia de la farsa. A pesar de que la aspirante cumple con todas las indicaciones, se le pide que regrese -para conocer el resultado de su trámite- varios años después. Como decíamos, la combinación de las situaciones melodramáticas y, como en este caso último hasta patéticas, propician la construcción de un espectáculo de contrapunto que concluye con la gana de retorno de los *ilegales* tanto por el extrañamiento de los seres queridos como por las vejaciones y demás abusos. El sueño se ha convertido en auténtica pesadilla.

Conclusiones

Como se pretendió exponer, observamos variaciones en el tratamiento del tópico referente a la frontera norte de México y su cruce, ya documentado o sin documentos adecuados. Estos ejercicios se manifiestan mediante intereses de exposición que fluctúan entre cierta traza de realismo mágico, el melodrama o la tragedia colectiva; lo grotesco y la crítica hacia las formas de control y vigilancia. No se trata solamente de la diversa firma autoral que marca las producciones como una huella de estilo, sino que también podemos encontrar variación en los tratamientos particulares. El viaje al norte convencional, las motivaciones para el cruce, la vida en "el otro lado" y la propia condición fronteriza tienen atributos que varían bajo las diversas miradas de autoría, manifestando siempre una (i)lógica de instrumentalización del poder, la negociación ilícita, la violencia y la vigilancia, que golpea la condición humana. De esta manera encontramos combinaciones en las tesituras, referencias de índole romántica o expresionista, aproximaciones trágicas, poéticas o documentales. Las concepciones parten de la nota periodística, la construcción alegórica o de recursos extraídos del ámbito fantástico. Hay lugar también para la farsa y el ridículo, no como simple divertimento sino como elocuente y punzante mirada ante las circunstancias chillantes.

Las derivaciones del propio fenómeno migratorio, sus naturalezas y complejidades redundan en el hecho literario-dramático y escénico. Por esta razón se entiende que el tema de la migración en la dramaturgia no habrá de desaparecer, sino que seguirá siendo persistente en mostrar sin duda los rostros, las fisuras, los desplazamientos y las fases divergentes que remarcan, por un lado, la amplitud y riqueza del teatro mexicano pero, por otro costado, indican la crueldad y las condiciones duras de difícil desarraigo. Este tema es inagotable e invita a su recuperación constante mediante el suceso del teatro.

La derrota de Trump y la llegada de Biden a la presidencia, no aseguran en sí un espacio promisorio para la regulación adecuada de las poblaciones inmigrantes, aun cuando el Partido Demócrata se dice convencido de que ha llegado la hora de cumplir con la promesa largamente pospuesta, marcada como un "imperativo económico y moral", según palabras del senador Bob Menéndez, o como un "acto de desagravio" para la comunidad migrante que ha esperado demasiado tiempo para salir de las sombras, en intento de recuperar la confianza perdida del electorado latino, según el propio Biden. La política binacional de México con Estados Unidos, y la interna del país vecino, están como siempre marcadas por un cúmulo de intereses tirantes que compeljizan la relación histórica. Por su parte las situaciones de pandemia que atraviesan y afectan la vida cotidiana, remarcan la pobreza y desnudan las condiciones de vulnerabilidad. Las deterioradas circunstancias del sector de la salud en los países de la región, se enlazan a las necesidades humanas de sobrevivencia, y advierten una panorámica poco alentadora. Como se deja demostrar, el teatro ha abrevado eficientemente de estas complejas circunstancias, y lo seguirá haciendo pues es de suyo demostrar la tensión que se erige entre el obstáculo y el encarecido afán no particular de este lado del mundo, sino que en definitiva resulta natural en el devenir de la humanidad.

Bibliografía

Alanís Ocaña, Sergio. "De acá, de este lado". *CD Cien años de teatro mexicano*. Sociedad General de Escritores de México, 2002.

Hernández, J. Jaime. "Presenta Joe Biden plan de reforma migratoria ´amplia e inclusiva´", https://www.jornada.com.mx/sinfronteras/2021/02/19/presenta-joe-biden-plan-de-reforma-migratoria-amplia-e-inclusiva-584.html, Consulta: 3 de marzo 2021.

Meléndez Eyraud, Agustín. *Arde Fénix y otros textos incendiarios*, Escenología, 2001.

Méndez Soriano, Alfonso. "Presentaron la obra teatral *De aá de este lado*", https://peninsulardigital.com/municipios/presentaron-la-obra-teatral-de-aca-de-este-lado/6695, Consulta: 8 de diciembre 2020.

Navarro, Gerardo. "Hotel de cristal", *Vicios privados*, Hugo Salcedo (selección y prólogo). CAEN, 19

Navarro, Gerardo. "Schizoethnic", *Teatro del Norte 3*, Hugo Salcedo (compilación), Teatro del Norte – Conaculta, 2002.

Robles, J. Humberto. "Los desarraigados", *Teatro Mexicano del Siglo XX*, Tomo IV, Antonio Magaña-Esquivel (selección y prólogo), Fondo de Cultura Económica, 1980.

Salcedo, Hugo. *El viaje de los cantores y otras obras de teatro*, Héctor Azar (presentación), Fondo Editorial Tierra Adentro, 1990.

Sánchez Moreno, Daimary. *Are you bringing something from Mexico?*, Paso de gato, 2013.

Talavera Trejo, Manuel. *Trilogía Familiar*, Rosa María Sáenz Fierro (prólogo), Universidad Autónoma de Chihuahua, 2008.

Villoro, Juan. "Mexamérica. La frontera de los ilegales", *Los hijos del desastre*, Javier Perucho (compilador), Verdehalago-Conaculta-Fonca, 2000.

VVAA. *Ilegales*, texto inédito, 2019.

La *mise-en-scène* de la migración en dos obras de teatro infantil: *Martina y los hombres pájaro* de Mónica Hoth y *Una bestia en el jardín* de Valentina Sierra

Itzel Vargas Moreno

> *Es crucial que la puesta en escena más que ilustrar una idea, capture la vida: la personalidad de los personajes y su estado psicológico. Su función es sobresaltarnos con la autenticidad de las acciones y la profundidad de las imágenes artísticas.*
>
> Andrey Tarkovski, *Esculpir el tiempo*

Introducción

La *mise-en-scène* es un término que desarrolla la neerlandesa Mieke Bal en *Conceptos viajeros en las humanidades* (2009) para dar sentido e importancia a cada uno de los elementos que conforman una exposición artística: desde la investigación, la curaduría, el contexto, la recepción y las posibles producciones creativas que surjan con base en esa puesta en escena. Es decir, se atiende —además de la estructura visual— aquello que precede, acontece y procede a una exposición en un espacio determinado.

En este trabajo, el concepto se aborda para apoyar el análisis de dos obras dramáticas y sus respectivos montajes: *Martina y los hombres pájaro*, escrita por Mónica Hoth y dirigida por Steven Rodmen; *Una bestia en mi jardín*, escrita y dirigida por Valentina Sierra. El objetivo es advertir cómo se despliega la *mise-en-scène* de la migración de los mexicanos hacia Estados Unidos en el teatro infantil nacional: cuáles son los recursos literarios que las dramaturgas trazan para lograrlo y de qué manera tanto los directores como los actores los traducen y desdoblan en el escenario en imágenes. Ahora bien, desde hace algún tiempo, la migración ha constituido uno de los denominados temas tabúes en la literatura infantil (LIJ). Por ello, en esta investigación se indaga la forma en la que este fenómeno y sus consecuencias se incluyen en puestas en escena destinadas a niños: de qué manera –mediante protagonistas infantiles– se dirigen a pequeños desde los cuatro años como se anuncia en los respectivos programas de los montajes.

La *mise-en-scène* dialoga con el concepto *textralidad* –que aborda José Ramón Alcántara en su texto homónimo de 2010–, el cual constituye el discurso que se performa e interviene el mundo que vivimos. Ahora bien, el propósito de esta investigación no es realizar un análisis comparativo entre el texto escrito y el ejercicio teatral, sino abocarse a la *textralidad*, ese *querer decir* del discurso infantil que viaja desde la dramaturgia hasta las reflexiones y las posibles creaciones posteriores a ésta.

En las obras, la *mise-en-scène* de la migración se enmarca mediante un desplazamiento de la angustia infantil hacia el mundo onírico. Durante los sueños, las representaciones de niños pueden enfrentar sus problemas, miedos, así como cumplir sus deseos. De igual forma, la comparación entre las aves y los migrantes representa otro medio literario que ofrece contornos (pliegues) a dicho fenómeno social en ambos textos.

Así –en este estudio–, en un primer momento, se ofrece una visión sobre cómo, a través del teatro, se pueden mostrar temáticas complejas –como la migración– sin que el objetivo sea moralizar ni educar a los niños al respecto, sino generar formas de leer la realidad con ellos. En un segundo apartado, se apuntala de qué forma en las obras del corpus, mediante el mundo onírico, se hilvanan recursos literarios que permiten a los niños reflexionar sobre la migración y sus consecuencias, a veces devastadoras. En una tercera parte, se desvelan los marcos y los pliegues de la metáfora de las aves como migrantes de las *mise-en-scène*.

Nuevas maneras de leer el mundo con los niños: el teatro infantil

La migración resulta una problemática actual nacional e internacional, por lo mismo ha ganado un lugar en la LIJ contemporánea, al igual que otros fenómenos como la guerra, el abuso sexual, el trasplante de órganos, las enfermedades terminales. Actualmente, el teatro dirigido a niños sobre migración ha cobrado fuerza en México y expone las consecuencias que atraviesan los personajes infantiles −al igual que muchos niños mexicanos− cuando ellos, o alguno de sus seres queridos, migra a Estados Unidos: el abandono, la violencia, el miedo, la tristeza, la pobreza, la incertidumbre de saber si están vivos.

Dos ejemplos son las obras: *Martina y los hombres pájaro* (2003), escrita por Mónica Hoth y dirigida por Steven Rodmen −el montaje lo realizó la compañía Nix Neh teatro, en su temporada en el Centro Cultural El Hormiguero, de la Ciudad de México, durante octubre de 2019. Y *Una bestia en el jardín* (2015), escrita y dirigida por Valentina Sierra (2015) −la puesta en escena se llevó a cabo en el Teatro Isabel Corona, de la Ciudad de México, durante noviembre y diciembre de 2019. Todas las fotografías fueron tomadas *exprofeso* para este trabajo por la autora del capítulo. En la primera, Martina, la protagonista de aproximadamente nueve años, espera alguna señal de su padre Martín, quien meses atrás partió hacia Estados Unidos con la finalidad de ofrecer a su familia una vida mejor. Sin embargo, él no ha mandado cartas ni dinero y los vecinos murmuran que es posible que ya no regrese, que tenga otra familia o que esté muerto. En el segundo, el protagonista, Damián −de siete años− vive en un refugio para migrantes con su madre, quien prepara comida para los viajantes que se arriesgan a subir al toldo del tren llamado la Bestia, el cual los conduce al país vecino del norte o a la muerte.

En ambas obras, los protagonistas observan y padecen los efectos de la migración, incluso el más terrible de ellos: la muerte, como en el caso de Damián quien fallece al final de la historia. De esta manera, resulta errado pensar que los niños no entienden ciertos temas que los adultos denominan tabúes. Por el contrario, se debe partir de que los pequeños investigan, generan teorías sobre temas ásperos, a veces más elaboradas que las explicaciones simplistas que ofrecen los mayores, puesto que "un niño –que ya ha pasado la infancia primera– interactúa con el mundo a su alrededor como un verdadero explorador" (Kruckemeyer 149).

En este sentido, el teatro permite que los niños tengan nuevas formas de leer ese mundo mediante la reflexión sobre aquello que observan y los afecta. Se trata de una necesidad por descubrir los motivos de lo que sucede a su alrededor, aunque estos sean trágicos:

> LA PULSIÓN DE SABER. A la par que la vida sexual del niño alcanza su primer florecimiento, entre los tres y los cinco años, se inicia en él también aquella actividad que se adscribe a la pulsión de saber o investigar (...). Su acción corresponde, por una parte, a una manera sublimada del apoderamiento y, por otra, trabaja con la energía de la pulsión de ver. (Freud 2011 176-178)

Los protagonistas de ambas obras confrontan su realidad, a pesar de que los adultos omiten ciertos temas porque creen que no tienen la edad para entenderlos. Damián se hace preguntas todo el tiempo y también interroga a los demás (pulsión de saber), no entiende por qué la gente se enoja por ello: "Yo sólo pregunto por qué, porque por qué no es una pregunta tonta, porque si todo tiene un porqué, qué tonto el que nunca pregunta" (Sierra s.p.). Martina cuestiona si esperar es la mejor solución –como lo asegura su madre– para entender qué sucede con Martín.

De esta manera, el término infantil alude más al tratamiento y al tono que se da a los temas –incluso aquellos como la guerra o la migración– que a la edad de los niños para comprenderlos. Por ello, se despliegan recursos literarios y visuales para eludir escenas descarnadas, tan violentas que a veces caen en lo amarillista. Los diálogos de los personajes se van tejiendo mediante un lenguaje sencillo mas no simple, como lo advierte en una entrevista la poeta mexicana Martha Riva Palacio cuando reflexiona sobre la LIJ contemporánea nacional: "Una cosa es ser sencillo y otra cosa es ser simple, caes en la literalidad, creo (...) que hay sobreexplicación con personajes bidimensionales, con conflictos superficiales. Y pasa esto porque se tiene una concepción falsa de cómo son los niños" (Karea s.p.).

Otro aspecto que circunda el término infantil constituye la confianza que el artista –dramaturgo, director, actor– deposita en su público; él debe creer que los niños son capaces de encontrar formas de leer el mundo con él, incluso poéticas, como lo explica el escritor y crítico teatral Finegan Kruckemeyer en su texto "El tabú de la tristeza", en *Teatro para públicos jóvenes* (2012): "Y para que este maravilloso proceso doble funcione, el artista debe confiar en el público. No debe temerle. Debe ofrecerle una selección de experiencias emocionales (gozo, descubrimiento, remordimiento, rencor, tristeza) con amplitud y fe suficientes para que el público las reciba y pruebe libre y holgadamente" (157).

El dramaturgo australiano también argumenta que exponer realidades ásperas posibilita que los pequeños se cuestionen y formulen preguntas sobre aquello que los preocupa y afecta, lo cual no sucedería (o se angustiarían más) si sólo observaran en el escenario niños y finales felices todo el tiempo. Por lo general, los adultos creen lo contrario porque les da miedo que los niños miren a otros pequeños tristes, enojados, miedosos, cuando atraviesan situaciones complejas: "La cosa presentada deja de ser tabú, el golpe a la sensibilidad de un adulto no viene más que de lo que se presenta en la escena como de quien se sienta ante ella. El tabú son los niños que miran la tristeza" (145-147).

En relación con lo anterior, en general, otro pliegue[8] que bordea el adjetivo infantil en el teatro dirigido contemporáneo dirigido a públicos jóvenes –aunque parezca obvio– es que los niños son los verdaderos protagonistas de las obras sin importar sus circunstancias. "Son niños… como los ven los niños" (149). Es decir, un adulto no los guía (educa), sino que los pequeños, por lo general, resuelven sus problemas solos. Ellos se equivocan, son burlados, atraviesan una gama de sentimientos, emociones y sensaciones; además no siempre tienen un final feliz, a veces la muerte los sorprende.

> Los niños están solos, no tienen a nadie. Están solos, o al menos sin adultos. Y en esa posición son verdaderamente protagonistas (…). Pueden llegar a ser el que se hace cargo de la situación, el cobarde que se hace a un lado, el victorioso o el que cae en desgracia; sin embargo, cualquiera que sea la secuencia de sucesos que ocurran es en ellos en quienes recae la tarea de navegar. (Kruckemeyer 147-148)

De acuerdo con lo señalado, para el adulto promedio resulta incómodo observar, en puestas en escena, a niños que migran solos hacia Estados Unidos, por lo que, paradójicamente, se piensa que omitirlo evitará que ellos estén expuestos a padecer las consecuencias de la migración en la vida real. Sin embargo, dicho fenómeno afecta a los niños directa o indirectamente en la actualidad. Así, el teatro que

---

[8] Mieke Bal retoma el concepto pliegue de Gilles Deleuze. Así, ella compara el efecto que ofrecen las delicadas líneas de algunas esculturas barrocas con los aspectos secundarios pero importantes en una obra artística.

incluye temáticas como la migración, y sus secuelas, a veces devastadoras, permite a los niños advertir conflictos reales y reflexionar al respecto. Martina realiza un recorrido para ayudar a liberar a su padre. Durante el trayecto, sube a la Bestia; después se encuentra a dos polleros quienes le roban el poco dinero que tiene: *"Mientras dice esto, agarran el bolso de Martina y los dos salen cantando. Martina se queda golpeando la piñata y el estribillo se va alejando"* (Hoth 18). Posteriormente, enfrenta a dos gigantes y a una bruja que enjaula a los hombres pájaro, como su padre. La niña se las arregla para salir adelante, a pesar de que todo el tiempo arriesga su vida. Damián enfrenta a la Bestia solo: tiembla cuando la ve llegar y se atreve a cerrarle el paso. Las acotaciones permiten comprender el trasfondo de las acciones con el montaje y la puesta en escena: *"Cambia la luz, se iluminan las vías y las sábanas del fondo. Damián iluminado con un seguidor. Aparece una enorme bestia-tren furiosa y malhumorada, echa humo por la nariz y la boca. Damián corre hasta las vías y se para frente a ella"* (Sierra 5).

De esta manera, no se trata en ningún momento de limitar lo literario y sustituirlo por lo didáctico, con la finalidad de que los niños puedan entender temas complicados. Tampoco es necesario suprimir escenas en las que se muestren preocupados, enojados, tristes, puesto que su realidad es la misma que la de los adultos. Se deben tender puentes para reflexionar con ellos, como lo advierte la dramaturga mexicana Maribel Carrasco: "Algo a lo que nos enfrentamos cuando trabajamos con niños es encontrar la manera, con ellos, de leer el mundo, es decir, que no sea nuestra lectura, sino una compartida, en la que podamos encontrar nuevas narrativas para leer la realidad, que en el país es contrastante" (Carrasco s.p.).

En *Martina y los hombres pájaro*, la protagonista se siente desesperada frente a la ausencia de su padre, incluso pelea con sus compañeras de la escuela cuando aseguran que él no va a volver. No aparece ningún adulto que la consuele o le dé una solución mágica como –por lo general– sucedía en las obras mexicanas de teatro infantil del siglo XX. Por el contrario, los mayores consiguen desesperarla más.

Su madre sólo atina a decir que ambas deben esperar porque ése es el papel de las mujeres:

> MARTINA: Mamá, si no regresa... lo vamos a ir a buscar, ¿verdad?
> MAMÁ: No, Martina, aquí lo vamos a esperar... como tu abuela Angélica esperó a tu abuelo Germán, como tu abuela Martha esperó a tu abuelo Jorge. Como a todas las mujeres, a nosotros nos toca esperar. (Hoth 8)

En este sentido, se ofrece una mirada hacia los estereotipos de género. Desde su nombre, Martina cuestiona el lugar de las mujeres: lleva el nombre de su padre y no el de su madre como usualmente debería de suceder; la señora carece de él, es solamente Mamá. En la puesta en escena –a pesar de que el texto no se señala– la protagonista porta un vestido-short y lleva unas botas masculinas amarillas, además juega con un yoyo. Lo anterior refuerza otro constructo de niña. Los colores que han elegido la directora, la escenógrafa y la vestuarista –mostaza, amarillo y café– concuerdan con la personalidad de Martina.

La pasividad de la madre de Martina angustia a la niña; Martín puede estar en peligro y su esposa se queda inmóvil, no surge en ella preocupación ante su ausencia. Así, la protagonista rompe el esquema de las mujeres de su familia. Ella tiene iniciativa, no necesita de un hombre que solucione sus problemas; al contrario, la niña decide ir a buscar a su papá y protegerlo. La tendera del lugar donde vive tiene su propio negocio y no tiene esposo, lleva un mandil que denota el papel de las mujeres en ese el lugar.

El vestuario de Martina: vestido y botas amarillas.
Fotografía: Itzel Moreno Vargas

En *Una bestia en mi jardín*, Lionila, la madre de Damián, viste todo el tiempo un mandil. Parecieran pliegues que coinciden en ambos ejercicios teatrales porque en los textos escritos no aparecen acotaciones al respecto. Dicho elemento habla del posicionamiento de las mujeres. A pesar de que son independientes económicamente, todavía llevan un uniforme que las define como mujeres (del hogar) mientras sus hijos se distancian de esas concepciones, ya que cuestionan la ideología y las acciones de los mayores: Martina externa que esperar no representa su lugar como mujer; Damián se pregunta el porqué de diferentes aspectos, pues las respuestas de los adultos no lo dejan satisfecho. Los padres de ambos protagonistas se vislumbran en la lejanía; sus hijos padecen las consecuencias de la migración sin que ellos los protejan. Ante la ausencia de la figura paterna, los niños aprenden a cuidarse, tomar decisiones y estrechar vínculos con otras personas.

En el texto de Valentina Sierra, Lionila tampoco tiene esposo y no se habla en ningún momento sobre el padre de Damián. A pesar de que el niño pregunta acerca de todo, las inquietudes sobre su progenitor no existen. Probablemente, no se trata de una incongruencia del texto, sino que constituye un aspecto que la dramaturga quiso destacar puesto que, en México, actualmente existen diferentes tipos de familias: "De acuerdo con la clasificación desarrollada por el Instituto de Investigaciones Sociales, en nuestro país existen once tipos de familias, con características y dinámicas diferenciales" (López 26). No surgen preguntas al respecto porque es la realidad de Damián, como para otros niños mexicanos; para él existen temas más relevantes sobre los cuales investigar.

En ambas obras, se mencionan fenómenos sociales actuales sin que el objetivo sea guiar a los niños con comentarios positivos o lecciones sobre la equidad de género, los diferentes tipos de familias o la migración. Dichas temáticas se desdoblan poéticamente en el escenario; afectan a los espectadores y propician que ellos reflexionen o elaboren preguntas por sí mismos: "Con las concatenaciones poéticas se amplía nuestro espacio emocional, y el espectador se hace más partícipe del proceso de descubrimiento de la vida, sin apoyo de conclusiones ya hechas a partir de la trama o de los inevitables señalamientos del autor" (Tarkovski 24).

Desplazamientos de la angustia infantil hacia el mundo onírico: el marco de los sueños

La teoría psicoanalítica de Sigmund Freud sobre la estructura psíquica explica que los sueños representan una de las manifestaciones del inconsciente: constituyen represiones, deseos no cumplidos que se desplazan, desfiguran o condensan. Por lo general, los sueños infantiles son menos elaborados que los de un adulto y simbolizan el cumplimiento de un deseo no realizado durante la vigilia.

> Lo común a estos sueños infantiles salta a la vista. Cumplen cabalmente deseos que se avivaron durante el día y que-

daron incompletos. Son *simples, y no disfrazados, cumplimientos del deseo* (...). De esta pequeña recopilación resalta, de inmediato, un segundo carácter de los sueños infantiles: su *nexo con la vida diurna*. Los deseos que en ellos se cumplen quedaron pendientes durante el día, y en el pensamiento de la vigilia estuvieron provistos de una intensa tonalidad de sentimiento. (Freud 2004 628-629)

La configuración del mundo onírico es un recurso que se despliega en las dos obras del corpus. Ahí los protagonistas pueden cumplir sus deseos, al tiempo que muestran —en el escenario— sus angustias de formas menos ásperas. Por ello, el trazado de la *mise-en-scène* de la migración en la escritura y el montaje requieren un gran trabajo literario y visual, para que los niños espectadores disfruten, reflexionen y tengan la posibilidad de crear nuevos textos y reflexiones a partir de ellas.

La *mise-en-scène* es esto: la materialización de un texto —palabra y partitura— en una forma que es accesible a la recepción pública y colectiva: una mediación entre obra de teatro y un público múltiple, con cada uno de los individuos que lo componen: una organización artística del espacio en el que se sitúa la obra; una cierta disposición de una sección limitada y delimitada del tiempo y espacios reales. (Bal 132)

La forma a la que Bal se refiere es la imagen que se conforma sobre una escena determinada mediante el ensamble artístico y la disposición de cada elemento en el escenario, en función de lo que el dramaturgo esboza. Lo anterior es sinónimo de lo que Tarkovski enuncia en relación con la puesta en escena cinematográfica:

> Aunque los rusos conservan *rusizada* (*mizanstsena*) la forma sustantivada en francés (*mise-en-scène*), ésta no se refiere propiamente a lo que llamamos la puesta en escena, a la dirección, sino a los señalamientos y acotaciones para conformar una escena y, en términos más generales, a la visión que de una escena en particular tiene un autor, a su composición. (Tarkovski 29)

Ahora bien, la intención de las obras consiste en desvelar la visualidad de la migración que proponen las dramaturgas, mas no en ofrecer un mensaje didáctico ni aleccionar al respecto, puesto que la función del teatro, y la del arte en general, no es enseñar: "Es obvio que el arte no puede enseñar nada a nadie, ya que en cuatro mil años la humanidad no ha aprendido nada" (56). Por ello, en ambas *mise-en-scène* se da cabida al mundo de los sueños, ahí los protagonistas de las dos obras muestran su deseos y miedos, además advierten a los adultos que ambos viven en la misma realidad y pueden dar cuenta de sus problemáticas, aunque los mayores intenten omitirlas o endulzarlas.

El proceso creativo de la dramaturgia de *Una bestia en mi jardín* incluyó la participación de los niños. Ellos se involucraron antes, durante y después del montaje. Al tejer la historia, la intervención de los pequeños dio como resultado la imagen del tren-bestia, el vestuario, la escenografía y algunas canciones: "Para la escritura de la historia se hicieron una serie de lecturas y talleres con unos 300 niños, de tres a 12 años, alumnos de una escuela Manuel Bartolomé Cossío en México. La escenografía y el vestuario nació de muchos de los dibujos que hicieron los pequeños" (Paul s.p.). En la sala de espera (abierta) del teatro, como espacio físico, se encuentran mamparas que exhiben esos dibujos sobre la Bestia. No existe un título o alguna persona que mencione algo referente a los trabajos que se muestran; sólo se aprecian –en algunos de los textos– el nombre y la edad del autor, así como el título de la creación. No obstante, a partir de ese momento, el espectador va introduciéndose a esa *mise-en-scène* y formando parte de ella como en la lógica de los sueños en que la se llega de un lugar a otro sin advertirlo. Esos pliegues ofrecen un enmarcado que también permite dar movimiento a un *querer decir* de los niños, la *textralidad*, sobre la migración. Cabe señalar que, con base en los dibujos, los textos y el montaje, surgió el cuento *Una bestia en mi jardín*, el cual está completamente ilustrado por niños; también se originó un disco musical con algunas de las canciones que compusieron los niños.

En el sueño de Damián aparece la bestia-tren, quien interrelaciona con él. El niño tiene miedo, pues se refieren a ella como la Bestia, un ser monstruoso que come personas. Lo que conoce sobre ella se lo han contado los migrantes que suben al lomo de la máquina y Lionila, quien –a diario– realiza un gran recorrido para ofrecer comida a los viajantes que van en el toldo del tren y quizá lleven días sin comer o beber agua. Ella permite que Damián decida si quiere acompañarla; al principio su hijo prefiere hacer las bolsitas con alimento, pues teme a la Bestia de sus sueños. La autora del texto, Valentina Sierra, menciona que se basó en las Patronas de Veracruz, pues quería destacar su noble labor, para lo cual recurrió a varios documentales que hablaran al respecto:

> "Quisimos dirigir la obra desde el punto de vista de uno de los hijos de Las Patronas, pues ellas nos parecen el lugar más luminoso que tiene este fenómeno", indicó la también dramaturga, quien para escribir el texto estudió varios documentales al respecto, consultó libros e investigaciones de la UNAM. (Sierra en *Notimex* s.p.)

El sueño de Damián está configurado de manera que los niños adviertan los bordes entre el mundo onírico y la vigilia, puesto que el protagonista se desdobla en tres: la marioneta de tamaño real, que aparece cuando Damián está despierto; un títere diminuto que sale a escena únicamente cuando Damián sueña; por último, el actor que da vida a los títeres y atraviesa ambos mundos. No se trata de un actor que maneja los muñecos, sino que son tres Damianes porque están vestidos de la misma forma: playera a rayas, pantalones de mezclilla. Probablemente la idea de utilizar marionetas en lugar de un actor infantil representa un recurso para suavizar la muerte del pequeño al final del montaje.

El deseo de Damián es conocer a la Bestia. Éste se cumple en sus sueños: en un primer momento, el niño intenta detener al tren y enfrentarlo; entonces la Bestia se detiene y lo regaña. Posteriormente, en otro sueño, Damián va perdiendo el miedo y la bestia-tren se observa menos enojada, incluso cantan juntos. Al día siguiente, cuando despierta, decide conocer al ser monstruoso y averiguar todo lo que se dice sobre él. Así que acompaña a su madre a dar comida a los viajeros. Al contemplarla, queda petrificado y el protagonista muere al ser arrollado por el tren.

Damián durante los sueños. Fotografía: Itzel Moreno Vargas

En *Martina y los hombres pájaro* la protagonista es mordida por una víbora, lo cual provoca que alucine y posteriormente caiga en un sueño profundo. Ahí se despliega el deseo de encontrar a su padre, de tener noticias sobre él y saber que está con vida; también el anhelo de poder hacer algo que lo ayude y lo haga regresar con su familia. Entonces, la niña atraviesa diferentes momentos y lugares, a través de la (i)lógica de los sueños: aparece como una participante de un concurso para ganar la llave que libera a su padre de la jaula (prisión), en donde una bruja (migración) lo tiene preso; también debe enfrentar a dos polleros que la asaltan.

El sueño desfigura a los adultos que no la escuchan en personajes malvados o con características negativas: sus compañeras de la escuela, quienes insinúan que su padre está muerto y se burlan de ella, encarnan a los polleros traidores; la vecina, que murmura maliciosamente que Martín tiene otra familia y que no volverá, aparece como una bruja. En la vigilia, esas mujeres intentan quitar a Martina lo poco que tiene, la esperanza; después de escucharlas, surge en la niña la sospecha de que su padre esté muerto o no regrese. Así, la angustia que se genera en Martina se desplaza al sueño en la escena en la que Dorotea recoge las plumas de los hombres pájaro muertos y menciona la palabra huérfano:

> DOROTEA: Porque son de los hombres pájaro que mueren rumbo al norte. Al morir dejan caer sus alas cargadas de sueños... Estas plumas son sus esperanzas.
>
> MARTINA: ¿Y tú para qué las recoges?
>
> DOROTEA: Para que no se pierdan en la nada.
>
> MARTINA: ¿Tú juntas esperanzas?

DOROTEA: Hago almohadas para que los huérfanos duerman en paz. (Hoth 20)

Durante el viaje, Martina tiene un encuentro con dos gigantes tontos que cuidan la casa de la bruja, en donde se hallan las jaulas de los hombres pájaro. Nuevamente la desfiguración de los adultos (gigantes) poco compresivos, como su madre o el viejo sabio del pueblo, quienes consideran absurda la preocupación de la niña por su padre y entorpecen su plan para ir a buscarlo a Estados Unidos o hacer algo para localizarlo. El concurso en el que aparece de repente, y del cual no sabe nada, representa una condensación de todo lo que ha tenido que afrontar durante la ausencia (abandono) de Martín. Los personajes casi irreales que la atacan, adultos y niños, cuando afirman que su padre nunca va a volver o que está muero; la pasividad de su madre; las deudas que genera con la tendera. Así, el deseo de Martina es encontrar una respuesta (una llave) que le ayude a tener noticias acerca de su progenitor.

El marco de la mise-en-scène*:* textralidad

Ambas obras de teatro se enmarcan en una representación del tiempo y el espacio en el que se configuran, los cuales tienen contornos dentro de un espacio y tiempo reales de la migración en el país. Cabe aclarar que el enmarcado no refiere únicamente el contexto de la obra: "El contexto es sobre todo un nombre que se refiere a algo estático (...). Sin embargo, el acto de enmarcar produce un acontecimiento" (Bal 178). De igual forma, la textralidad pone en acción al discurso: "He, pues, observado que cuando la textualidad requiere ser reconceptualizada para dar cabida a la dimensión de la acción, el término texto, resulta ya, por tanto, inoperante (...). De ahí que paulatinamente me haya desplazado hacia el término textralidad" (Alcántara 21).

En este sentido, ambas puestas en escena suceden en medio de una emergencia en derechos humanos sobre los migrantes, incluidos los niños. Por ejemplo, desde junio hasta diciembre de 2018 fueron separados 81 niños migrantes de sus padres por mandato del presidente de los Estados Unidos. Algunos de ellos enjaulados como los pájaros en los que la madre de Damián tiene a sus aves, las cuales el niño quiere liberar, y los hombres pájaro que caen en manos de la bruja como el papá de Martina.

> *Viernes 7 de diciembre de 2018, Washington.* El gobierno del presidente de Estados Unidos, Donald Trump, ha separado a 81 niños migrantes de sus padres en la frontera con México del 21 de junio a la fecha, a pesar de que ante una cascada de condenas internacionales y nacionales fue obligado a emitir una orden ejecutiva para cesar dicha práctica, informó este jueves la agencia. (*Ap.*, *Reuters* y *Notimex* s.p.)

En su dramaturgia, Valentina Sierra suaviza esa realidad descarnada que se menciona en noticias como la anterior mediante un enmarcado que incluye músicos, quienes interrelacionan naturalmente con el espectador involucrándolo sin que éste dé cuenta de ello. El texto escrito se ilumina cuando despuntan dichos artistas: cobra sentido la historia y la personalidad de los personajes-migrantes al tiempo que se despliega una imagen que mengua la temática y el final trágico de la obra: "La música no sólo es un apéndice de la imagen visual; debe ser un elemento esencial en la realización del concepto total de la obra" (Tarkovski 172).

Se observan también actos circenses porque —como lo diría Bal— no se trata sólo de mostrar la obra de arte sino de propiciar contornos que refuerzan lo que se dice en la creación: marcos que den y permitan performar el texto y la afectividad de los receptores.

Por ello, cada elemento que enmarque la *mise-en-scène* es tan importante como la obra misma.

> Lo que espero es que el enmarcado resulte convincente como complemento indispensable de la imagen, que sirva para explicar la forma en que esta última ha sido *mise-en-scène* (…). El marco se entiende como el vínculo entre la obra y el mundo y no como un cisma entre ello. (Bal 184-185)

Uno de los marcos en *Martina y los hombres pájaro* consiste en la elección únicamente de mujeres para su montaje. En el texto, la dramaturga no ofrece alguna acotación que remita a lo anterior. Se trata de la curaduría de la *mise-en-scène*: cinco actrices adolescentes representan tanto personajes femeninos como masculinos. Las temporadas de esta compañía se realizan en teatros pequeños como si se quisiera crear una intimidad con el espectador infantil. Se contempla a las adolescentes preparar la escenografía; la máquina teatral es visible, forma parte del enmarcado. Se las observa convertir una cama en un estante, una cerca en un vagón de tren; ellas cambian de personaje y de vestuario, a la vista de todos. Así, la personalidad fuerte de Martina se refuerza en el escenario con la composición sólo de actrices, incluso para encarnar personajes masculinos y adultos.

En *Una bestia en mi jardín* aparece Mauricio, un niño que va a subir a la bestia y cuya única protección son las hormigas que Damián le da para que la Bestia no lo moleste. La obra no muestra el destino de Mauricio, pero advierte el de Damián: el día que conoce al monstruoso ser maquínico de sus sueños, él muere. Una paradoja terrible pues se petrifica ante la presencia del tren; contrario a su sueño, en el cual él detiene a la Bestia. La noble labor de la madre de dar comida a los migrantes, para que no mueran en el trayecto, conduce a su hijo a su fin:

> LIONILA: ¡No corras, Damián, ven! ¡No te acerques tanto!
> *Damián desaparece de escena en el sentido de las vías hacia donde el tren. Una fuerte luz va ganando en intensidad, mientras escuchamos cómo se acerca el tren. Se acerca el rugir de la Bestia y un rechinido de choques entre fierros oxidados mezclado con muchos gritos.*
> DAMIÁN: ¡Mamá!
> LIONILA: ¡Damián! ¡Damián! (Sierra 17)

En el montaje, después de la escena anterior, hay un silencio y un oscuro; posteriormente aparece la madre, abre las jaulas de los pájaros y se sienta en la hamaca en la que solía jugar y dormir su hijo. Ahí, ella canta tristemente una nana popular, después sueña con Damián: "A un granito de maíz, / un pollito le hizo ps ps / el granito se asustó, / dio un saltito y se escondió, / con tierra se tapó / y en matita se convirtió. / El pollito también creció pero / nunca lo alcanzó." (Sierra s.p.)

En este sentido, las nanas o canciones para dormir constituyen otro pliegue del enmarcado, pues son el preámbulo del mundo de los sueños. A Martina la calma una canción que su padre le cantaba cuando no podía dormir; misma que su madre entona porque su hija tiene problemas para conciliar el sueño ante la angustia de no tener noticias sobre él: "MAMÁ: Ven, te voy a cantar la canción con que te arrullaba tu papá cuando eras chiquita y no podías dormir: *Campana de oro, / pájaro de abril, / cántale a mi niña, / que quiere dormir. // A la rorro rorro, / a a rorro ra, / duérmase mi niña, / duérmaseme ya*" (Hoth 9). Como se observa en dichos textos la presencia de las aves es trascendental: ellas irrumpen la vigilia, el mundo onírico y la muerte trastocando los universos de los protagonistas.

La transfiguración de las personas en aves migratorias

Las aves han estado presentes, como ningún otro animal, en la LIJ, en especial en el libro álbum y el teatro. Los pájaros representan un símbolo de la infancia: el vuelo de los niños; es decir, las experimentaciones y descubrimientos de los pequeños sobre la vida. Recientemente, dichos animales conforman una metáfora sobre los migrantes, ambos migran para sobrevivir.

> LIONILA: No, Damián, los pájaros buscan más calor. Las personas migran por otras cosas. María fue a buscar a su hermana y Vicente a buscar trabajo... y otros migran para alejarse de un lugar y no tanto por acercarse a otro.
> (...)
> DAMIÁN: Les convendría más ser pájaros y llegar volando. Apuesto a que mis pájaros llegarían más rápido... si no los tuvieras encerrados en sus jaulas. (Sierra 2)

Los pájaros constituyen un motivo recurrente en ambas obras, además representan pliegues de las *mise-en-scène*, en ellos se da movimiento al discurso desde el inicio hasta el final: el querer y poder decir –de los niños– sobre la migración. Así, para suavizar las partidas, los migrantes se transfiguran en aves migratorias. La imagen de la parvada y el vuelo cubre el trasfondo de un viaje en el que la vida se juega en todo momento: la comparación con los pájaros es directa sin ser cruel, incluso resulta visualmente poética.

En *Martina, los hombres pájaro* y *Una bestia en mi jardín* se menciona la necesidad de los protagonistas de liberar aves encerradas en jaulas: "Martina entra en un espacio con la apariencia de un teatro de sombras donde jaulas con pájaros están colgadas. No hay nadie más que el silencio y las jaulas. Con la llave maestra va abriendo las jaulas para que los pájaros vuelen. Cuando están libres, comienzan a silbar estrepitosamente" (Hoth 27). La niña siente temor de quedarse sin padre. Por ello, abre las jaulas de todos los pájaros, no quiere que haya huérfanos: "MARTINA: Quisiera que no mataran a los hombres pájaro. Quisiera que no hubiera niños huérfanos porque sus papás se van a trabajar al otro lado" (Hoth 20).

Resulta poética la forma en la que caen las plumas de los pájaros del cielo, aunque éstas representan los sueños de los hombres pájaro que mueren en el intento por cruzar de México a Estados Unidos, entre los cuales quizá también se incluyan los del padre de Martina.

En *Una bestia en mi jardín*, el enmarcado se despliega mediante las luces: las azules y las moradas rememoran el mundo onírico. Las luces blancas representan otro pliegue –o hilo conductor en comparación con los textos narrativos– de la *mise-en-scène*, pues simulan pájaros brillantes dentro de jaulas. La obra inicia con el cantar de los pájaros, incluso antes de que los actores salgan a escena; durante el desarrollo son fundamentales porque Damián quiere liberarlos, ya que piensa que deben querer contar historias. Además, la mayor parte del tiempo se escucha su canto.

> LIONILA: Dejen en paz a mis canarios, Damián.
>
> DAMIÁN: Es que ayer pensé que tal vez ellos también quieren migrar y los tienes aquí encerrados. Me dio mucha tristeza porque se la pasan viendo a otros pájaros migradores y seguramente les cuentan todas sus aventuras y los lugares bonitos que ven y ellos no tienen nada que contar.
>
> LIONILA: ¿Te parece que no tienen nada que contar? (*Se quedan los dos observando a los canarios y escuchando sus cantos*).

DAMIÁN: Bueno... tal vez tienen mucho que cantar. Ya sé hazme una promesa.

LIONILA: A ver.

DAMIÁN: Si algún día despertamos y no tienen nada que cantar, les abrimos las jaulas. (Sierra 8-9)

La partida de Damián se anuncia después de que él se pierde en el sentido de las vías y cuando se observa a su madre afligida liberando a las aves de las jaulas. Los músicos desaparecen; Lionila canta a capela y eso da un toque melancólico al final, el cual no se vislumbraba en ningún momento. Cabe recordar que los niños participaron en la escritura y quizá fueron ellos quienes dieron el cierre inesperado a la historia. Ahí, nuevamente las aves son fundamentales. Después de que muere el protagonista, su madre libera (apaga) a los pájaros que ya no cantan más, así que cumple la promesa de liberarlos que le hizo a Damián.

Conclusión

La *mise-en-scène* de la migración en *Martina y los hombres pájaro* de Mónica Hoth y *Una bestia en el jardín* de Valentina Sierra, estría la realidad no sólo por la temática sino porque ambos textos delinean los contornos entre el teatro infantil y el de adultos, el espacio del receptor y el dramaturgo, el mundo onírico y la realidad: grietas en las que el espectador puede introducirse, tomar un lugar o una función dentro de esa puesta en escena. Mediante pliegues delicados, la *textralidad* —ese querer decir del discurso de los niños— adquiere movimiento a través del vuelo de las aves migratorias, el mundo de los sueños que se configura para enmarcar realidades adversas contemporáneas.

Bibliografía

Alcántara, José Ramón. *Textralidad*. Universidad Iberoamericana, 2010.

Ap, Reuters y Notimex. "Gobierno de EU separa a 81 niños migrantes de sus padres en 6 meses". *La Jornada*, 7 de diciembre de 2018, https://www.jornada.com.mx/ultimas/mundo/2018/12/07/gobierno-de-eu-separa-a-81-ninos-migrantes-de-sus-padres-en-6-meses-5447.html

Bal, Mieke. *Conceptos viajeros en las humanidades*. CENDEAC, 2009.

"Cinco mitos de escribir para niños, con Martha Riva Palacio" *Youtube*, subido por Abril G. Karea, 13 de octubre de 2016, https://www.youtube.com/watch?v=BueuS2z7hhg visto el 21 de noviembre de 2019.

Freud, Sigmund. "La interpretación de los sueños". *Obras completas. Volumen 5, 2ª parte*. Traducción de José Luis Etcheverry. Amorrortu Editores, 2004.

Freud, Sigmund. "Tres ensayos de teoría sexual y otras obras". *Obras completas. Volumen 7*. Traducción de José Luis Etcheverry. Amorrortu Editores, 2011.

Hoth, Mónica. *Martina y los hombres pájaro*. Editorial Corunda/Consejo Nacional para la Cultura y las Artes, 2005.

Kruckemeyer, Finegan. "El tabú de la tristeza ¿Por qué nos asustamos de que los niños se asusten?". *Teatro para públicos jóvenes. Perspectivas internacionales*. Ediciones El Milagro/INBA, 2012.

Martina y los hombres pájaros, dirigida por Steven Rodmen. Centro Cultural El Hormiguero, 2019.

Notimex. "'Una bestia en mi jardín' busca que los niños entiendan la migración". *Excélsior*, 11 de noviembre de 2019, https://www.excelsior.com.mx/funcion/una-bestia-en-mi-jardin-busca-que-los-ninos-entiendan-la-migracion/1347045

Paul, Carlos. "Reconocer la existencia del otro". *La Jornada*, 23 de marzo de 2016, https://www.jornada.com.mx/2016/03/23/cultura/a05n1cul

Sierra, Valentina. *Una bestia en mi jardín*. Puño de Tierra, 2016

Una bestia en mi jardín, dirigida por Valentina Sierra.Teatro Isabel Corona, 2019.

Tarkovski, Andrey. *Esculpir el tiempo*. traducción de Miguel Bustos. UNAM, 2019.

Los cangrejos tras el sueño americano
Entrevista a Juan Carlos Embriz, sobre *La cubeta de los cangrejos*
Realizada por Carlos Gámez

El tópico de la migración es una suerte de aura que se encuentra en la existencia de todos los individuos contemporáneos. Si bien no todos pretenden huir, alejarse, mutar espacialmente, sí muchos queremos dejar atrás, aunque sea por un momento, la vida en el espacio que nos vio nacer, porque la exploración de otras tierras no es algo que corresponde solamente a los astronautas. Así, migrar se ha convertido en un terreno de los humanos-golondrinas que nacemos con la demanda de volar, aunque a veces, el desplazamiento sea arriesgado, peligroso, por tierra, en la frontera.

El diálogo con los autores de las piezas teatrales puede ser muy gratificante, pues aporta luces sobre detalles en la hechura, en los mecanismos de acercamiento al tema abordado, los intertextos, etc. que en su mayoría desconocemos. Fue así como en la primera conversación con Juan Carlos Embriz, le comenté las ideas sobre el texto que pensaba escribir como ejercicio para la materia del profesor Hugo Salcedo Larios, allí vinieron, como "inspiración divina", las más inquietantes preguntas sobre las costuras de *La cubeta de los cangrejos*. Después de leer la obra por enésima vez, ya era una relación consumada, y me decidí a escribir el ensayo *Fronteras objetuales/migraciones personales. Una cubeta de cangrejos, una cultura animalizada, una liminalidad teatral*. Con la esperanza de aclarar algunos puntos ciegos en mi texto, les comparto la entrevista al autor de la obra referida.

1. *La dramaturgia contemporánea recurre a varios puntos de inspiración para elaborar sus textos rosando con las costumbres de sus contextos, o las historias personales de sus propios personajes/actores. ¿Por qué usar esta fábula de la tradición mexicana y no otra?*

Dentro del texto *La cubeta de los cangrejos*, podemos encontrar nuestras costumbres, tradiciones, y como lo señalas más adelante, también una influencia muy directa de Juan Rulfo. No podemos negar, la mayor parte de la gente que nos dedicamos a la escritura, que bebemos de él, nacimos a su alrededor y nos lo referencian constantemente a partir de la enseñanza media superior. Y finalmente cuando te encuentras con sus lecturas principales que son *El gallo de oro*, *El llano en llamas*, o *Pedro Páramo*; comienzas a asociar y a ver a tu alrededor que el pueblo de México es realmente como lo retrata, describe y narra en sus producciones.

Los personajes son propios de estas historias de nuestros pueblos como aquella Llorona que deambula de un lugar a otro lamentándose por la pérdida de sus hijos y, por otro lado, aquellos personajes que corren con suerte al lograr el sueño americano y, por otra parte, lo contrario, aquellos que fracasan en todos los sentidos, como seres humanos, como padres de familia, como amantes y en su propia economía familiar, además, porque son fracasados desde la mirada de los otros.

El texto fue resultante de un trabajo, de una invitación a una beca estatal en el Estado de México; debía cumplir con un montaje que reuniera algunas características que se habían proyectado en el documento de convocatoria. El trabajo de la puesta en escena se realizó construyendo algunos personajes que partían de las características propias de los invitados, es decir, los actores. Partimos de la tipología que me daban, y luego se le adjudicaba una característica, en la *dramatis personae*, para poder diseñar las historias.

Leímos e investigamos algunas historias que podríamos encontrar en internet, noticias de algunos personajes que tomamos, y personalmente fui diseñando para no trasladarlas literalmente. Era difícil escribir una historia y ceñirme a ella a pie juntillas, como estaba contaba en la vida real. Hay una parcialidad de aquellas historias, pero transformadas en escena, en palabras o ideas, que fueron apuntes para los actores.

La fábula fue usada porque cuando nos topamos con la historia popular, sentimos que a los mexicanos nos retrata muy bien: un hoyo, o cubil, en donde todos estamos apretujados, y no podemos salir, y en lugar de apoyarnos, nos perjudicamos en pronosticar el fracaso de los otros. Me sigue pareciendo muy atractiva y refleja, parcial o generalmente, la conducta de lo que somos como sociedad.

2. *En la descripción de los personajes hay algunos que tienen una edad determinada: Jimy, Elvia, Juan El gato y Amelia; ¿a qué se debe esto? ¿Hay una cierta postura genérica con respecto a los demás?*

En cuanto a la presencia de los personajes, todavía son personajes, algunos están determinados por género y por su edad. Esto es a propósito para determinar un marco que, como jóvenes, la mayoría de ellos se ven limitados bajo las circunstancias de una política nacional, en donde este lanzamiento a las orillas, la expulsión por las circunstancias hace que migren y tener que buscar otras posibilidades de vida. Jimy de treinta años, Elvia de veinticinco años, y El Gato, que precisamente, junto con Elvia, enuncian en una parte de la obra, son egresados universitarios o tienen estudios universitarios inconclusos.

Amelia, de cuarenta años, por su parte es una mujer que deambula entre este mundo onírico y fantasmagórico, devenido de la herencia rulfiana. El minutemen es un personaje simbólico que no tiene edad determinada, es una alegoría del bien y del mal, junto con el Pollero, principalmente.

Por otra parte, hay otros personajes, madre e hija, y hombre 1, 2, Virgen de Guadalupe, etc. que son realmente una parte carnavalesca que reside en una farsería, y en ese sentido podríamos voltear los ojos a Bajtín, para que se vuelvan unas escenas de contraste.

3. *En la edición del libro, al comenzar cada escena, hay una foto de la puesta, y un fragmento de texto que: ¿corresponden a la función del estreno? ¿El texto funciona como exergo de la escena? ¿Por qué incluir un spoiler de la escena, o sugestionar al lector? ¿Dónde quedan esos textos en el momento del montaje? A veces me agarré intentando relacionar los nombres de las escenas con los textos debajo de las imágenes, ¿es esa la*

intensión, crear una triangulación título-exergo-texto dramático? ¿Podrían ser los exergos fragmentos de entrevistas realizadas durante la investigación para el texto?

Cada escena inicia con un título que hace referencia al viaje que realizarán los personajes. Por ejemplo, la primera escena es entre los que viven doce mil años, debido a que hay algunas plantas, muy características del desierto como son las gobernadoras, plantas que tienen un ramaje muy abundante, pero unas hojas muy minúsculas, producen una sombra y camuflan a las personas entre el follaje que tienen. Cuando estas plantas se sueltan de su raíz agarradas a la tierra, se vuelven unas ruedas giratorias que andan deambulando en el desierto por el viento. Hay datos de que son muy viejas y resistentes, al tiempo que andan durante mucho tiempo rosando por el desierto, ya que su capacidad de resistencia provoca que tengan esta connotación de "habitantes del desierto".

Por otra parte, las frases exergo en los inicios de las escenas son decisión de la editorial; así el editor propuso que se anexaran fotos con alguna frase que fuera significativa de las respectivas escenas.

4. *Hay en el texto un juego continuo con algunos objetos como la maleta detrás de la que se esconde Amelia, los angelitos que ella trae y quiere entregar a Elvia, la escalera donde se sube el Pollero en la escena XII. ¿Trabajaste en el montaje de la puesta cuando se estrenó de manera que pudiste modificar el texto a publicar de acuerdo con los objetos y su inclusión en la escena? ¿Tienes alguna metodología/estrategia de escritura donde la objetualidad participante de la puesta cobra fuerza simbólica, incluso documental? ¿Hay en la introducción de estos códigos visuales un filtro poético que discursa sobre tu poiesis escénica?*

El trabajo de relación actor-objeto deviene de un curso que recibimos por la maestra Elka Fediuk, que trabaja en la Universidad Veracruzana. Y sí, efectivamente, hay una metodología de relación actor-objeto para que la objetualidad esté reflejada a partir del actor como extensión de él y de su carácter.

Tiene algunas características realistas el texto, por ello los objetos devienen también de la revelación ideológica y la construcción psicológica de los personajes, con excepción de la mujer que pierde al hijo. Ella tiene una maleta, en la cual trae algunos ángeles para ser vendidos y poder construir su universo en la otredad; y más bien son elementos simbólicos.

Por otra parte, sí existe una modificación a partir del replanteamiento de las ideas de la construcción de la puesta en escena. Se trabajó en el montaje a partir de ideas base, y de ahí se fue modificando la textualidad. Al final de cuentas lo que tenemos en el libreto es la referencia a la parte documental, y la construcción de los personajes a partir de las actoralidades. Mucho de los actores del primer montaje tuvieron que dar mucho de sí para esta construcción y reflejo que luego estaría en el personaje. Entonces, yo debería citar que hay un trabajo dramatúrgico de ellos reapropiado en mi escritura. Y en ese sentido la *poiesis* escénica es con base a sus propuestas y la modificación que realicé como director de escena y dramaturgo.

En la escena XII, efectivamente, el Pollero entra a escena y se utiliza una escalera que cobra diferentes valores: puerta, umbral, escalera de ascenso del purgatorio al cielo, y se van completando a través de la lectura que tiene el espectador. Por un lado, es simplemente una escalera que tiene varias funciones, mientras que el actor decodifica ese signo, y el espectador, al final de cuentas, es quien tiene la última palabra.

La escalera fue un recurso que se usó en el primer montaje; asimismo, en la segunda versión, se recurrió a otro elemento simbólico. Realmente, los objetos sí se vuelven límites y obstáculos que posibilitan que la función dramática aparezca en escena. Es por ello que ninguno está de más y se vuelven en sí mismos portadores de un carácter reforzado por el conflicto y la tensión dramática.

En *La cubeta de los cangrejos*, en su primera versión, no contiene elementos de Teatro Documental; en la segunda puesta en escena, en Tijuana, aparecen referentes documentales, pero como "falso documento". Se agregaron elementos documentales, puesto que la declinación acerca de la frontera y la imperante posición con Estados Unidos hacía que girara los ojos hacia el Teatro Documento y algunas circunstancias de indocumentados que viven en la frontera. En primer lugar, no tenía estas características, las adquirió, en el sentido del "falso documento", como lo define Peter Weiss.

> 5. *Cómo ves la demarcación/utilización/conceptualización de la frontera en tu texto La cubeta de los cangrejos. Pudieras comentar si consideras que hay varias fronteras, en la medida en que el espectador se acerca al texto o la puesta, por segunda o tercera vez.*

Sí, hay una demarcación de fronteras en los personajes y cada uno tiene sus propios conflictos. Como Amelia que deambula entre una frontera fantasmal, onírica y una real, hasta que hay una frase determinante de ella, cuando le contesta a Elvia que ella nunca ha dicho que está viva. En ese sentido, el remate del personaje hace que el espectador saque sus propias conclusiones y, efectivamente, piense que es una Llorona, como lo marca el título de la escena.

Los otros personajes, a su vez, tienen diferentes fronteras físicas y simbólicas en cuanto a sus conflictos, como son emigrar bajo las circunstancias en las que se encuentran. Podemos mencionar las fronteras a partir de sus referentes, relaciones interpersonales e intrapersonales.

> 6. *En la pieza existe una constante ambigüedad que refiere, por decir una influencia -"mal y pronto"- a Juan Rulfo, de acuerdo a la indeterminación de la materialidad de los personajes, es decir, por momentos no sabemos si están vivos o muertos, o se mueven en ambas dimensiones. ¿Consideras que esta (in)materialidad, que contrasta con la objetualidad simbólica de algunos elementos, juega un papel protagónico en tu acercamiento al tópico de la migración? Si fuera así, ¿cómo lo argumentas?*

Debo reconocer que la influencia de Rulfo en la mayoría de nuestros contemporáneos está presente; y puedo mencionar como ejemplo *El viaje de los cantores* de Hugo Salcedo. Por otro lado, su producción está presente en *La cubeta de los cangrejos*, esta parte simbólica de los personajes en cuanto a su ambigüedad o inmaterialidad, es algo propio de casi todos los latinoamericanos. Este juego es utilizado constantemente y todavía puede llegar a funcionar. Creo que, de antemano en la escritura del trabajo, o en lo que pudiera ser inspiración para poder estar construyendo las escenas, resulta que volvemos para tener en cuenta estas formas de presencias y de personajes que son propios de la tradición oral y mexicana. Al final de cuentas son acercamientos, y tópicos que, como el tema de la migración, vienen a resultar de los cuentos, usos y costumbres a los que tenemos referentes constantemente. El tema rulfiano es muy tratado desde el cine y la narrativa misma.

En cuanto al Teatro Documento de *La cubeta de los cangrejos*, del segundo montaje, tuvo esa declinación, hubo una escena cero donde el director entraba a escena y leía un texto a manera de manifiesto, y antes de la última escena volvía a aparecer como acto o creador para dar una conclusión del espectáculo. La puesta en escena se modifica, en este caso para hacer consciente al espectador de las circunstancias y el contexto de la frontera.

Otras publicaciones de Argus-a:

Lyu Xiaoxiao
La fraseología de la alimentación y la gastronomía en español:
Léxico y contenido metafórico

Gustavo Geirola
Grotowski soy yo.
Una lectura para la praxis teatral en tiempos de catástrofe

Alicia Montes y María Cristina Ares, comps.
Cuerpo y violencia. De la inermidad a la heterotopía

Matilde Escobar Negri, ed.
Charlas en Patagonia

Gustavo Geirola, comp.
Elocuencia del cuerpo.
Ensayos en homenaje a Isabel Sarli

Lola Proaño Gómez
Poética, Política y Ruptura.
La Revolución Argentina (1966-73): experimento frustrado
De imposición liberal y "normalización" de la economía

Marcelo Donato
El telón de Picasso

Víctor Díaz Esteves y Rodolfo Hlousek Astudillo
Semblanzas y discursos de agrupaciones culturales
con bases territoriales en La Araucanía

Sandra Gasparini
Las horas nocturnas.
Diez lecturas sobre terror, fantástico y ciencia

Mario A. Rojas, editor
Joaquín Murrieta de Brígido Caro.
Un drama inédito del legendario bandido

Alicia Poderti
Casiopea. Vivir en las redes. Ingeniería lingüística y ciber-espacio

Gustavo Geirola
Sueño Improvisación. Teatro.
Ensayos sobre la praxis teatral

Jorge Rosas Godoy y Edith Cerda Osses
Condición posthistórica o Manifestación poliexpresiva.
Una perturbación sensible

Alicia Montes y María Cristina Ares
Política y estética de los cuerpos.
Distribución de lo sensible en la literatura y las artes visuales

Karina Mauro (Compiladora)
Artes y producción de conocimiento.
Experiencias de integración de las artes en la universidad

Jorge Poveda
La parergonalidad en el teatro.
Deconstrucción del arte de la escena
como coeficiente de sus múltiples encuadramientos

Gustavo Geirola
El espacio regional del mundo de Hugo Foguet

Domingo Adame y Nicolás Núñez
Transteatro: Entre, a través y más allá del Teatro

Yaima Redonet Sánchez
Un día en el solar, expresión de la cubanidad de Alberto Alonso

Gustavo Geirola
Dramaturgia de frontera/Dramaturgias del crimen.
A propósito de los teatristas del norte de México

Virgen Gutiérrez
Mujeres de entre mares. Entrevistas

Ileana Baeza Lope
Sara García: ícono cinematográfico nacional mexicano, abuela y lesbiana

Gustavo Geirola
Teatralidad y experiencia política en América Latina (1957-1977)

Domingo Adame
Más allá de la gesticulación. Ensayos sobre teatro y cultura en México

Alicia Montes y María Cristina Ares (compiladoras)
Cuerpos presentes. Figuraciones de la muerte, la enfermedad, la anomalía y el sacrificio.

Lola Proaño Gómez y Lorena Verzero / Compiladoras y editoras
Perspectivas políticas de la escena latinoamericana. Diálogos en tiempo presente

Gustavo Geirola
Praxis teatral. Saberes y enseñanza. Reflexiones a partir del teatro argentino reciente

Alicia Montes
De los cuerpos travestis a los cuerpos zombis. La carne como figura de la historia

Lola Proaño - Gustavo Geirola
¡Todo a Pulmón! Entrevistas a diez teatristas argentinos

Germán Pitta Bonilla
La nación y sus narrativas corporales. Fluctuaciones del cuerpo femenino en la novela sentimental uruguaya del siglo XIX (1880-1907)

Robert Simon
To A Nação, with Love: The Politics of Language through Angolan Poetry

Jorge Rosas Godoy
Poliexpresión o la des-integración de las formas en/ desde La nueva novela de Juan Luis Martínez

María Elena Elmiger
DUELO: Íntimo. Privado. Público

María Fernández-Lamarque
*Espacios posmodernos en la literature latinoamericana contemporánea:
Distopías y heterotopíaa*

Gabriela Abad
Escena y escenarios en la transferencia

Carlos María Alsina
*De Stanislavski a Brecht: las acciones físicas.
Teoría y práctica de procedimientos actorales de construcción teatral*

Áqis Núcleo de Pesquisas Sobre Processos de Criação Artística
Florianópolis
Falas sobre o coletivo. Entrevistas sobre teatro de grupo

Áqis Núcleo de Pesquisas Sobre Processos de Criação Artística
Florianópolis
Teatro e experiências do real (Quatro Estudos)

Gustavo Geirola
El oriente deseado. Aproximación lacaniana a Rubén Darío.

Gustavo Geirola
Arte y oficio del director teatral en América Latina. Tomo I México - Perú

Gustavo Geirola
*Arte y oficio del director teatral en América Latina.
Tomo II. Argentina – Chile – Paragua – Uruguay*

Gustavo Geirola
*Arte y oficio del director teatral en América Latina.
Tomo III Colombia y Venezuela*

Gustavo Geirola
*Arte y oficio del director teatral en América Latina.
Tomo IV Bolivia - Brasil - Ecuador*

Gustavo Geirola
*Arte y oficio del director teatral en América Latina.
Tomo V. Centroamérica – Estados Unidos*

Gustavo Geirola
*Arte y oficio del director teatral en América Latina.
Tomo VI Cuba- Puerto Rico - República Dominicana*

Gustavo Geirola
*Ensayo teatral, actuación y puesta en escena.
Notas introductorias sobre psicoanálisis
y praxis teatral en Stanislavski*

Argus-*a*
Artes y Humanidades / Arts and Humanities
Los Ángeles – Buenos Aires
2021

www.ingramcontent.com/pod-product-compliance
Lightning Source LLC
Chambersburg PA
CBHW070739160426
43192CB00009B/1506